スポーツ情報処理実習テキスト

体育科教員のための Excel による OR 事例集

福岡大学教授
青柳　領

九州大学出版会

まえがき

　本書は福岡大学スポーツ科学部2年次生対象の「スポーツ科学部情報処理実習」のテキストとして書かれたものである。内容は、教員になってから経験するさまざまな意思決定の問題をオペレーションズ・リサーチ（Operations Research)の考えを使って解決する事例を集めたものである。

　「生徒の中からリーダーを決める」「生徒をグループに分ける」「納入業者を決める」「スポーツの場面で作戦を決める」など学校教育の現場では様々な意思決定が行われる。様々な点を考慮して、民主的に、合理的に決めようとするが、自分の頭の処理能力を超えると勢いにまかせて直感的に決めてしまう場合も多い。理屈なしに決める場合はギャンブルに等しい。結果、うまくいった場合はいいが、うまくいかなかった場合は「なぜそうしたのか」と理由を求められる場合もある。本書はそのような場合に他の人にも十分説明しうる根拠を与えるものである。

　ここでまとめられた方法論は「オペレーションズ・リサーチ（OR)」と呼ばれている分野で使われているもので、主に会社の経営管理で使われている。特に「栄養問題」「最適配置」「ゲーム理論」などは線形計画法と呼ばれる方法で解を求める。従来は、この線形計画法は「不等式にスラックス変数を取り入れて等式に直す」「条件式の交点を求めるために順次、単体表（シンプレックス法）を使って解く」という複雑な計算法が必要であった。しかし、Excelの「ソルバー」はそのような理論を知らなくても解を求めることを可能にしている。そのため数学を専門に勉強してきていない体育科教員も十分にその恩恵を受けることができる。

　ソルバーは数値的に微分係数を求め、ニュートンラフソン法などを用いて解を求める「非線形最適化法」を用いているので、厳密解は求めることができず、解はあくまで近似値である。したがって、Excelの画面上では、「0であるべきなのに、0.00001と表記されていたり、1であるべきなのに、0.999999となっていたりする」場合もある。そして、計算結果は初期値に依存するので、初期値によっては「解が求められない」という結果になる場合もある。その時は初期値を変えると解が求められる場合がある。また、最適解は1つとは限らない場合もある。結果に公平を期すなら、初期値をランダムにするなどの配慮も必要だろう。本書を読むにあたっては以上の点に注意してほしい。

　また、本書の例題や練習問題の事例は実際に調査したデータに基づくものではなく、架空のデータである。場合によっては、非現実的な結果になっている場合がある。この点についてはご容赦願いたい。

　最後に、本書の出版に関しては、面倒な校正をお願いし、多くのご尽力をいただいた九州大学出版会の永山俊二様に感謝の意を表したい。

平成21年3月

筆　者

目　次

まえがき.. i

1. キャプテンを選ぶ... 1
　　1.1　意思決定.. 1
　　1.2　ＡＨＰのやり方... 1
　　1.3　ＡＨＰを使ってキャプテンを選ぶ................................. 8
　　1.4　Ｅｘｃｅｌによる計算.. 11
　　1.5　練習問題... 12

2. 食材の分量... 15
　　2.1　線形計画法の図による解.. 15
　　2.2　線形計画法のソルバーによる解................................... 17
　　2.3　栄養問題のソルバーによる解..................................... 20
　　2.4　条件式が3つの場合... 23
　　2.5　練習問題... 25

3. 物品購入... 27
　　3.1　部費で物品購入... 27
　　3.2　ソルバーによる解... 28
　　3.3　体育館倉庫に保管する物.. 31
　　3.4　練習問題... 34

4. グルーピング... 37
　　4.1　希望に応じてコース分け.. 37
　　4.2　ソルバーによる解... 39
　　4.3　主観的重要度による解.. 43
　　4.4　練習問題... 48

5. 仕事の割り振り... 51
　　5.1　仕事を割り振る... 51
　　5.2　ソルバーによる解... 52
　　5.3　主観的適合度で役職を決める..................................... 55
　　5.4　ソルバーによる解... 57
　　5.5　練習問題... 60

6. 担当者を選んで割り振る.. 63
　　6.1　担当者を選ぶ... 63
　　6.2　ソルバーによる解... 64
　　6.3　業者の選定... 68
　　6.4　ソルバーによる解... 69
　　6.5　練習問題... 72

7．団体戦のオーダー.. 75
　　7．1　団体戦のオーダーを考える................................ 75
　　7．2　ソルバーによる解.. 76
　　7．3　補欠も含めてオーダーを考える............................ 81
　　7．4　練習問題.. 84
8．ゲーム理論.. 87
　　8．1　閉じたゲーム... 87
　　8．2　開いたゲーム... 88
　　8．3　開いたゲームをソルバーで解く............................ 89
　　8．4　2×3の開いたゲームをソルバーで解く.................. 92
　　8．5　練習問題.. 95
　　練習問題の解答例... 97
　　引用・参考文献... 109

1 キャプテンを選ぶ

1.1　意思決定

　「生徒の役職を決める」「体育祭の日程を決める」「一定の校費で何を買うのかを決める」など、日常の業務の中で「ものごとを決める」必要に迫られる場合は多い。特に、管理職にある者にとって「意思決定」は大事な能力の1つであるといえる。

　「決定」の判断基準が1つである場合は比較的簡単に決まる。候補（代替案）を列挙して、その中で最もその判断基準を満たすものを選べばよい。その条件では差がなく決められない場合は、第2の判断基準について考える。第1の判断基準では差がない代替案の中で、第2の判断基準を最も満たすものを選べばよい。第2の判断基準も差がないなら第3の判断基準……というように、あたかも英語の辞書で「単語を引く」かのような要領をくり返し使えばよい。

　しかし、同時に、第1の判断基準も第2の判断基準も、そして第3の判断基準も考慮して、総合的に決めたい場合はなかなかすぐには決められない場合が多い。例えば、車を買う場合、「とにかく安い方がいい」という場合もあろうが、通常はパンフレットをみて、価格と同時に、「デザイン」「色」「カーナビがついているか」などを同時に考慮して決める。経済的に苦しい者にとっては価格は最も重要な判断基準だろうし、富裕な者にとっては価格は大事な判断基準ではなく、「カッコいい」車がいいと考えるだろう。しかし、「どの程度、価格にウエイトを置いて判断するのか」「どのくらいデザインを重要視するのか」は、人間の頭の中では明確化されない。複雑な、抽象的なあるいは曖昧な思考の統合を経て、判断される。したがって、判断に時間を要したり、再現性がなかったり、判断の根拠を他人に説明できないという場合があった。

1.2　AHPのやり方

　このような意思決定の場合に、一対比較法を用いて、潜在的な人間の価値観を顕在化し、その数量化された重要度をもって代替案の中から最良のものを選択する方法を階層分析法（Analytic Hierarchy Process）という。その手順は一般に、

　①検討する問題を決める。
　②最終的な選択の対象となる代替案を決める。
　③選択の基準となる判断基準を決める。
　④図1-1のような階層図を作る。

　例えば、判断基準が3つで、代替案が2つの場合は図1-1のようになる。

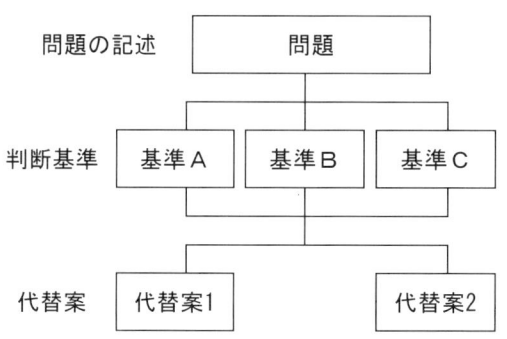

図1-1 階層図の例

⑤判断基準間の一対比較を行う。

基準Bと基準Aを比較して、表1-1に示した判断基準に対する数値、つまり基準Bの方が基準Aよりも「かなり重要」なら「5」、「重要」なら「3」、「同じくらい」なら「1」、「重要でない」なら「1／3」、「全く重要でない」なら「1／5」を表1-2のような一対比較表に記入する。例えば、「基準Bは基準Aよりも重要でない」なら「1／3」を記入する。同様に、基準Cと基準Aを比較して「基準Cの方が基準Aよりも重要」なら3、基準Cと基準Bを比較して「基準Cの方が基準Aよりもかなり重要」なら5を記入する。

表1-1 判断基準に対する数値

判断	数値
かなり重要	5
重要	3
同じくらい	1
重要でない	1／3
全く重要でない	1／5

例えば、基準Bは基準Aよりも重要でなく、基準Cは基準Aよりも重要で、基準Cは基準Bよりもかなり重要であったとすると、表1-2のような数値を表中に書き入れる。

表1-2 実際に判断しなければならない部分の判断基準間の一対比較表

	基準A	基準B	基準C
基準A			
基準B	1／3		
基準C	3	5	

ただし、同じ基準同士は「同じくらい」であるので、対角線は自動的にすべて「1」になる。また、対角線をはさんだ判断はお互いに逆数（掛けると1になる数値）になる。例えば、基準Aからみて、基準Aは基準Bよりも「重要（＝3）」なら、基準Bからみて、基準Bは基準Aよりも「重要でない（＝1／3）」ことになる。したがって、対角線を挟んで一対比較表の右上と左下はお互いに逆数の関係になるので、実際の判断は左下部分のみでよく、右上は左下の結果から自動的に決

まる。

表1-3　すべて記入された判断基準間の一対比較表

	基準A	基準B	基準C
基準A	1	3	1／3
基準B	1／3	1	1／5
基準C	3	5	1

⑥個々の判断基準について代替案を一対比較して判断する。

今度は、基準Aに関してのみ、代替案同士を一対比較する。数値の割り振りは判断基準間の一対比較と同様に表1-4に示す数値を用いる。ただし、「対角線の部分はすべて1になる」「左下の部分は対角線を境に右上部分と逆数の関係にある」点も同様である。

表1-4　判断基準に関する代替案の比較に対する数値

判断	数値
かなり優れている	5
優れている	3
同じくらい	1
劣っている	1／3
かなり劣っている	1／5

例えば、代替案2は代替案1よりも基準Aに関しては「優れている」場合は表1-5のようになる。

表1-5　基準Aについての代替案間の一対比較表

基準A	代替案1	代替案2
代替案1	1	1／3
代替案2	3	1

⑦基準Bに関しても代替案を一対比較する。

例えば、代替案2は代替案1と基準Bに関して「同じくらい」である場合は表1-6のようになる。

表1-6　基準Bについての代替案間の一対比較表

基準B	代替案1	代替案2
代替案1	1	1
代替案2	1	1

⑧同様に、基準Cに関して代替案を一対比較する。

例えば、代替案2は代替案1よりも基準Cに関して「かなり劣っている」場合は表1-7のようになる。

表1-7　基準Cについての代替案間の一対比較表

基準C	代替案1	代替案2
代替案1	1	5
代替案2	1／5	1

⑨各一対比較表に、各行の幾何平均を計算する。

x_1, x_2, x_3, ･･･, x_nの幾何平均は、

$$\sqrt[n]{x_1 \cdot x_2 \cdot x_3 \cdots x_n} = (x_1 \cdot x_2 \cdot x_3 \cdots x_n)^{1/n}$$

で計算することができる。Excelでは、x^n（べき乗）は関数powerを使って、

　　　＝power(x, n)

と計算するので、セルＡ１からＡ５までに入っている数値の幾何平均は、積を求める関数productを用いて、

　　　＝power(product(A1:A5), 1／5)

となる。しかし、通常の電卓ではなかなか計算できないので、あらかじめ計算結果を一覧表にして利用することができる。表1-8は２つの数値の組み合わせの場合、表1-9は３つの数値の組み合わせを示している。

表1-8　２つの数値の組み合わせの幾何平均

√の中		計算結果
5	5	5.000
5	3	3.873
5	1	2.236
5	1/3	1.291
5	1/5	1.000
3	5	3.873
3	3	3.000
3	1	1.732
3	1/3	1.000
3	1/5	0.775
1	5	2.236
1	3	1.732
1	1	1.000
1	1/3	0.577
1	1/5	0.447
1/3	5	1.291
1/3	3	1.000
1/3	1	0.577
1/3	1/3	0.333
1/3	1/5	0.258
1/5	5	1.000
1/5	3	0.775
1/5	1	0.447
1/5	1/3	0.258
1/5	1/5	0.200

1. キャプテンを選ぶ

表1-9　3つの数値の組み合わせの幾何平均

√の中			計算結果
1/5	1/5	1/5	0.200
1/5	1/5	1/3	0.237
1/5	1/5	1	0.342
1/5	1/5	3	0.493
1/5	1/5	5	0.585
1/5	1/3	1/5	0.237
1/5	1/3	1/3	0.281
1/5	1/3	1	0.405
1/5	1/3	3	0.585
1/5	1/3	5	0.693
1/5	1	1/5	0.342
1/5	1	1/3	0.405
1/5	1	1	0.585
1/5	1	3	0.843
1/5	1	5	1.000
1/5	3	1/5	0.493
1/5	3	1/3	0.585
1/5	3	1	0.843
1/5	3	3	1.216
1/5	3	5	1.442
1/5	5	1/5	0.585
1/5	5	1/3	0.693
1/5	5	1	1.000
1/5	5	3	1.442
1/5	5	5	1.710

√の中			計算結果
1/3	1/5	1/5	0.237
1/3	1/5	1/3	0.281
1/3	1/5	1	0.405
1/3	1/5	3	0.585
1/3	1/5	5	0.693
1/3	1/3	1/5	0.281
1/3	1/3	1/3	0.333
1/3	1/3	1	0.481
1/3	1/3	3	0.693
1/3	1/3	5	0.822
1/3	1	1/5	0.405
1/3	1	1/3	0.481
1/3	1	1	0.693
1/3	1	3	1.000
1/3	1	5	1.186
1/3	3	1/5	0.585
1/3	3	1/3	0.693
1/3	3	1	1.000
1/3	3	3	1.442
1/3	3	5	1.710
1/3	5	1/5	0.693
1/3	5	1/3	0.822
1/3	5	1	1.186
1/3	5	3	1.710
1/3	5	5	2.027

√の中			計算結果
1	1/5	1/5	0.342
1	1/5	1/3	0.405
1	1/5	1	0.585
1	1/5	3	0.843
1	1/5	5	1.000
1	1/3	1/5	0.405
1	1/3	1/3	0.481
1	1/3	1	0.693
1	1/3	3	1.000
1	1/3	5	1.186
1	1	1/5	0.585
1	1	1/3	0.693
1	1	1	1.000
1	1	3	1.442
1	1	5	1.710
1	3	1/5	0.843
1	3	1/3	1.000
1	3	1	1.442
1	3	3	2.080
1	3	5	2.466
1	5	1/5	1.000
1	5	1/3	1.186
1	5	1	1.710
1	5	3	2.466
1	5	5	2.924

√の中			計算結果
3	1/5	1/5	0.493
3	1/5	1/3	0.585
3	1/5	1	0.843
3	1/5	3	1.216
3	1/5	5	1.442
3	1/3	1/5	0.585
3	1/3	1/3	0.693
3	1/3	1	1.000
3	1/3	3	1.442
3	1/3	5	1.710
3	1	1/5	0.843
3	1	1/3	1.000
3	1	1	1.442
3	1	3	2.080
3	1	5	2.466
3	3	1/5	1.216
3	3	1/3	1.442
3	3	1	2.080
3	3	3	3.000
3	3	5	3.557
3	5	1/5	1.442
3	5	1/3	1.710
3	5	1	2.466
3	5	3	3.557
3	5	5	4.217

√の中			計算結果
5	1/5	1/5	0.585
5	1/5	1/3	0.693
5	1/5	1	1.000
5	1/5	3	1.442
5	1/5	5	1.710
5	1/3	1/5	0.693
5	1/3	1/3	0.822
5	1/3	1	1.186
5	1/3	3	1.710
5	1/3	5	2.027
5	1	1/5	1.000
5	1	1/3	1.186
5	1	1	1.710
5	1	3	2.466
5	1	5	2.924
5	3	1/5	1.442
5	3	1/3	1.710
5	3	1	2.466
5	3	3	3.557
5	3	5	4.217
5	5	1/5	1.710
5	5	1/3	2.027
5	5	1	2.924
5	5	3	4.217
5	5	5	5.000

これら2つの表を使って、「幾何平均」の列を記入する。

表1-10　判断基準間の一対比較行列の幾何平均

	判断基準A	判断基準B	判断基準C	幾何平均
判断基準A	1	3	1／3	1．000
判断基準B	1／3	1	1／5	0．405
判断基準C	3	5	1	2．466

表1-11　「基準A」についての代替案間の一対比較

	代替案1	代替案2	幾何平均
代替案1	1	1／3	0．577
代替案2	3	1	1．732

表1-12　「基準B」について代替案間の一対比較

	代替案1	代替案2	幾何平均
代替案1	1	1	1．000
代替案2	1	1	1．000

表1-13　「基準C」についての代替案間の一対比較

	代替案1	代替案2	幾何平均
代替案1	1	5	2．236
代替案2	1／5	1	0．447

⑩幾何平均からウエイトを計算する。

すべての一対比較表の「幾何平均」の合計を求め、それより「幾何平均」の比率を「ウエイト」に記入する。

つまり、下の式の計算をする。

$$\text{ウエイト} = \frac{\text{幾何平均}}{\text{幾何平均の和}}$$

これによりウエイトの和は必ず1になることになる。

1. キャプテンを選ぶ

表1-14　判断基準のウエイトの計算

	判断基準A	判断基準B	判断基準C	幾何平均	ウエイト	
判断基準A	1	3	1／3	1.000	0.258	①
判断基準B	1／3	1	1／5	0.405	0.105	②
判断基準C	3	5	1	2.466	0.637	③
			合計	3.872		

表1-15　「基準A」についての代替案のウエイトの計算

	代替案1	代替案2	幾何平均	ウエイト	
代替案1	1	1／3	0.577	0.250	④
代替案2	3	1	1.732	0.750	⑤
		合計	2.309		

表1-16　「基準B」についての代替案のウエイトの計算

	代替案1	代替案2	幾何平均	ウエイト	
代替案1	1	1	1.000	0.500	⑥
代替案2	1	1	1.000	0.500	⑦
		合計	2.000		

表1-17　「基準C」についての代替案のウエイトの計算

	代替案1	代替案2	幾何平均	ウエイト	
代替案1	1	5	2.236	0.833	⑧
代替案2	1／5	1	0.447	0.447	⑨
		合計	2.683		

⑪総合得点を計算する。

　「総合判定」の表に、該当する番号の数値の積を記入し、さらに、横方向の合計を「総合得点」の列に記入する。

表1-18 「総合得点計算表」の計算式

	基準A×代替案	基準B×代替案	基準C×代替案	総合得点
代替案1	⑩ = ①×④	⑫ = ②×⑥	⑭ = ③×⑧	⑩+⑫+⑭
代替案2	⑪ = ①×⑤	⑬ = ②×⑦	⑮ = ③×⑨	⑪+⑬+⑮

表1-19 実際の「総合得点計算表」の計算例

	基準A×代替案	基準B×代替案	基準C×代替案	総合得点
代替案1	0.065	0.052	0.531	0.648
代替案2	0.194	0.052	0.106	0.352

⑪総合得点から結果を判定する。

最終的に求められた「総合得点」が、潜在的な価値観によって判断された各代替案の重要度を示しているので、この値が大きい代替案を選択すればよい。

1.3 AHPを使ってキャプテンを選ぶ

では、実際にAHPを使って、「いくつかの判断基準を総合して、いくつかの代替案の中から1つを選ぶ」事例を試みる。ここでは、自分が指導している運動部の次期キャプテンを選ぶ事例を取り上げる。

一般的手順	実際の手順
①検討する問題を決める。	自分が顧問を務めるバスケット部のキャプテンは慣例で顧問が決めることになっている。そこで、次期キャプテンを決めたい。候補となる者が数名いるがいろいろな点を考慮して選びたいと思っている。つまり、問題は「キャプテンを選ぶ」ということになる。
②最終的な選択の対象となる代替案を決める。	候補者としては、部員A、部員B、部員Cの3名がいる。この中から1名選ぶことにした。つまり、代替案は3つで「部員A」「部員B」「部員C」ということになる。
③選択の基準となる判断基準を決める。	まず、試合に出てリーダーシップを発揮してほしいので、バスケットがうまい部員がいいと思っている。しかし、バスケットがうまいだけで部員をうまくまとめられなければキャプテンは失格だ。部員からの人気も大事だ。さらに、自分との関係も大事。顧問の言うことを全然聞かないのでは困る。結局、判断基準は「バスケットのうまさ」「部員からの人気」「顧問との相性」にした。

④階層図をつくる	問題 　　　　　　　　　　キャプテンを選ぶ 判断基準 　　バスケットのうまさ　　部員からの人気　　顧問との相性 代替案 　　　部員A　　　　　部員B　　　　　部員C
⑤判断基準間の一対比較を行う。	表の左の基準と上の基準を比較して、左の基準の方が上の基準よりも 「かなり重要」なら　　　→　5 「重要」なら　　　　　　→　3 「同じくらい」なら　　　→　1 「重要でない」なら　　　→　1／3 「全く重要でない」なら　→　1／5 を記入する。今回は下の表のようになった。 判断基準間の一対比較 | →	（a　うまさ）	（b　人気　）	（c　相性　）
---	---	---	---
（a　うまさ）	1	3	1／3
（b　人気　）	1／3	1	1／5
（c　相性　）	3	5	1	
⑥各判断基準ごとに代替案を一対比較する。	表の左の代替案と上の代替案を比較して、左の代替案の方が上の代替案よりも 「かなり優れている」なら　→　5 「優れている」なら　　　　→　3 「同じくらい」なら　　　　→　1 「劣っている」なら　　　　→　1／3 「かなり劣っている」なら　→　1／5 を記入する。今回は下の表のようになった。 「うまさ」についての部員間の一対比較 |	（ア　部員A）	（イ部員B）	（ウ部員C）
---	---	---	---
（ア部員A）	1	1	1／3
（イ部員B）	1	1	3
（ウ部員C）	3	1／3	1	

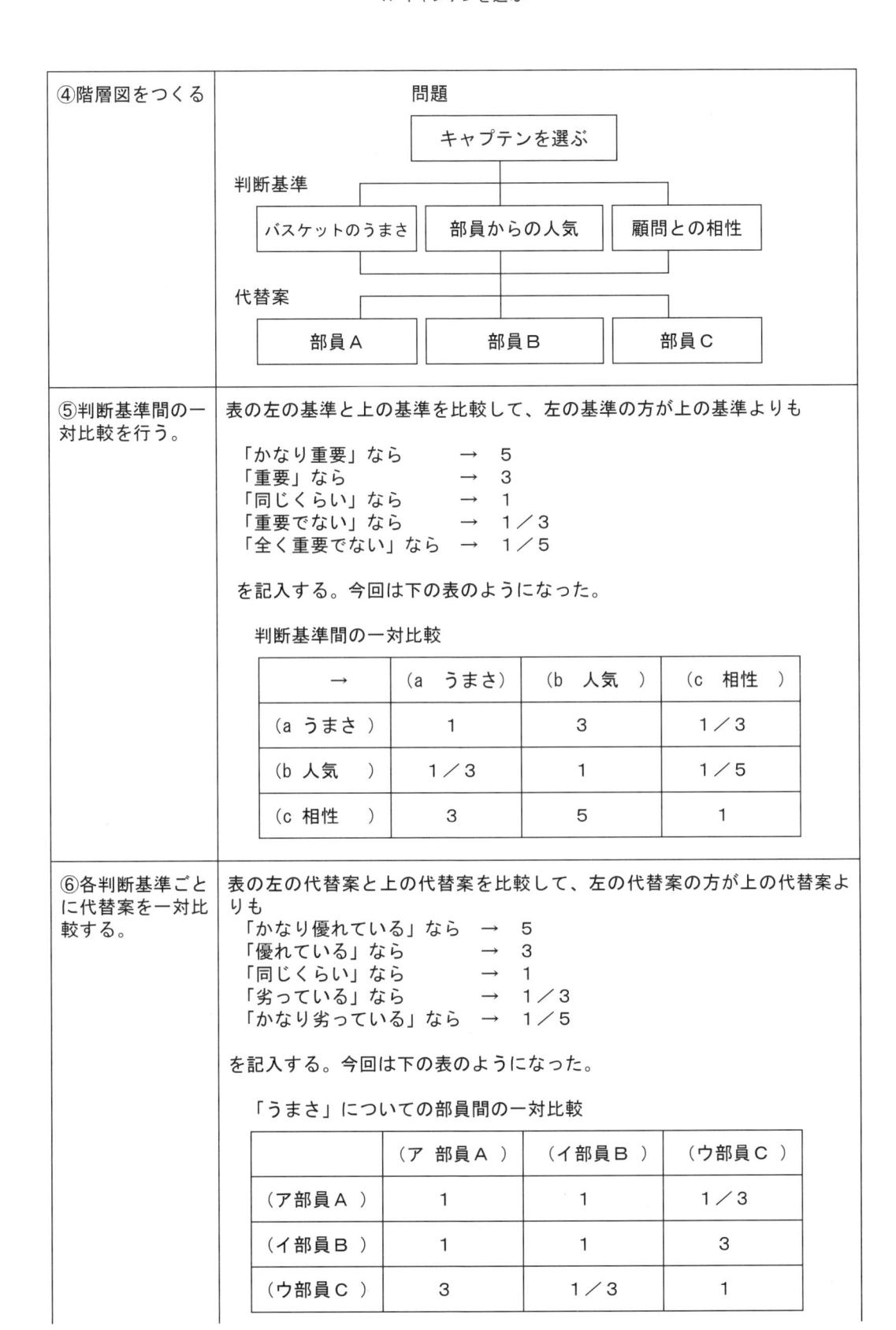

「人気」についての部員間の一対比較

	（ア 部員A）	（イ 部員B）	（ウ 部員C）
（ア部員A）	1	3	1
（イ部員B）	1／3	1	3
（ウ部員C）	1	1／3	1

「相性」についての部員間の一対比較

	（ア 部員A）	（イ 部員B）	（ウ 部員C）
（ア部員A）	1	1／5	1／3
（イ部員B）	5	1	1／3
（ウ部員C）	3	3	1

| ⑦各一対比較表ごとに、各行の幾何平均を計算し、その幾何平均からウエイトを計算する。 | 幾何平均を表1-9から求め、その合計を求め、それをもとにウエイトを求めた。今回は下の表のようになった。 |

判断基準のウエイトの計算

	うまさ	人気	相性	幾何平均	ウエイト	
うまさ	1	3	1／3	1.000	0.258	①
人気	1／3	1	1／5	0.405	0.105	②
相性	3	5	1	2.466	0.637	③
			合計	3.872		

「うまさ」についての部員のウエイトの計算

	部員A	部員B	部員C	幾何平均	ウエイト	
部員A	1	1	1／3	0.693	0.221	④
部員B	1	1	3	1.442	0.460	⑤
部員C	3	1／3	1	1.000	0.319	⑥
			合計	3.136		

1. キャプテンを選ぶ

「人気」についての部員のウエイトの計算

	部員A	部員B	部員C	幾何平均	ウエイト	
部員A	1	3	1	1.442	0.460	⑦
部員B	1／3	1	3	1.000	0.319	⑧
部員C	1	1／3	1	0.693	0.221	⑨
			合計	3.136		

「相性」についての部員のウエイトの計算

	部員A	部員B	部員C	幾何平均	ウエイト	
部員A	1	1／5	1／3	0.405	0.110	⑩
部員B	5	1	1／3	1.186	0.323	⑪
部員C	3	3	1	2.080	0.567	⑫
			合計	3.671		

| ⑧判断基準のウエイトと各部員のウエイトを掛け、それを合計し、総合得点を求める。 | 各々上の表の番号に対応するウエイトを掛け、それを合計して総合得点を求めた。今回は下の表のようになった。 |

	うまさ×部員	人気×部員	相性×部員	総合得点
部員A	①×④= 0.057	②×⑦= 0.048	③×⑩= 0.070	0.176
部員B	①×⑤= 0.119	②×⑧= 0.033	③×⑪= 0.206	0.358
部員C	①×⑥= 0.082	②×⑨= 0.023	③×⑫= 0.361	0.466

1.4 Excelによる計算

　本書に添付されているＣＤの「０１ＡＨＰ」フォルダにある「ＡＨＰ．ｘｌｓ」には、５つまでの判断基準と、５つまでの代替案を使ったＡＨＰを計算するExcelシートが入っている。図1-2はデータを入力する前の状態を示している。
　入力はすべて水色のセルのみに行う。まず、判断基準名をＡ３からＡ７（ａ～ｅ）に入れる。５つ未満の場合は空いたセルには何も入力せず、そのままにしておく。入力と同時に関連する他の表のセルやタイトルが自動的に表示される。次に、代替案をＡ１１からＡ１５（ア～オ）に入れる。５つ未満の場合は空いたセルには何も入力せず、そのままにしておく。入力と同時に関連する他の表のセルやタイトルが自動的に表示される。最後に、基準名や代替案名が表示された表に一対比較の結果を分数の形で入力する。入力は左下の部分のみ行う。右上は自動的に表示される。すべての一対比較データを入力終えると、シートの右下の「総合得点計算表」に結果が自動的に表示される。

判断基準間の一対比較

基準間						幾何平均	ウエイト
a	1						
b		1					
c			1				
d				1			
e					1		
					計		

						幾何平均	ウエイト
ア	1						
イ		1					
ウ			1				
エ				1			
オ					1		
					計		

						幾何平均	ウエイト
	1						
		1					
			1				
				1			
					1		
					計		

						幾何平均	ウエイト
	1						
		1					
			1				
				1			
					1		
					計		

						幾何平均	ウエイト
	1						
		1					
			1				
				1			
					1		
					計		

						幾何平均	ウエイト
	1						
		1					
			1				
				1			
					1		
					計		

総合得点計算表

代替案						総合得点
ア						
イ						
ウ						
エ						
オ						

図1-2　入力前の状態

図1-3はすべてデータが入力された後の状態を示している。

判断基準間の一対比較

基準間	基準A	基準B	基準c			幾何平均	ウエイト
基準A	1	3	1/3			1.000	0.258
基準B	1/3	1	1/5			0.405	0.105
基準c	3	5	1			2.466	0.637
d				1			
e					1		
					計	3.872	

判断基準「基準A」について代替案間の一対比較

基準A	代替案1	代替案2				幾何平均	ウエイト
代替案1	1	1/3				0.577	0.250
代替案2	3	1				1.732	0.750
ウ			1				
エ				1			
オ					1		
					計	2.309	

判断基準「基準B」について代替案間の一対比較

基準B	代替案1	代替案2				幾何平均	ウエイト
代替案1	1	1				1.000	0.500
代替案2	1	1				1.000	0.500
			1				
				1			
					1		
					計	2.000	

判断基準「基準c」について代替案間の一対比較

基準c	代替案1	代替案2				幾何平均	ウエイト
代替案1	1	5				2.236	0.833
代替案2	1/5	1				0.447	0.167
			1				
				1			
					1		
					計	2.683	

	代替案1	代替案2				幾何平均	ウエイト
代替案1	1						
代替案2		1					
			1				
				1			
					1		
					計		

	代替案1	代替案2				幾何平均	ウエイト
代替案1	1						
代替案2		1					
			1				
				1			
					1		
					計		

総合得点計算表

代替案	基準A	基準B	基準c			総合得点
代替案1	0.065	0.052	0.531			0.648
代替案2	0.194	0.052	0.106			0.352
ウ						
エ						
オ						

図1-3　入力後の結果

1.5　練習問題

【練習問題 1-1】

次の会議の意見をもとにＡＨＰを用いて体育祭の日程を決めよ。

職員会議で体育祭の日程を決めようと考えている。代替案としては３つあり、「６月中旬」「９月上旬」「１０月下旬」である。あまり遅いと３年生の受験態勢に影響が出ることが心配され、全国模擬試験前はできれば避けたい。時期によっては運動部の試合と重なる場合があり、試合を優先すると体育祭には参加できない。また、気候的にも適した時期にしたいという意見があった。

1. キャプテンを選ぶ

　会議では「受験準備」と「試合との重複」では「試合との重複」の方が「重要」で、「受験準備」と「気候」では「受験準備」の方が「重要」であるという意見が多かった。また、「試合との重複」と「気候」は「試合との重複」の方が「かなり重要」であるという顧問の意見であった。
　3つの判断基準ごとに日程を比べてみると、「受験準備」に関して、「6月中旬」と「10月下旬」では「6月中旬」の方が「都合よく」、「9月上旬」と「6月中旬」では「9月上旬」の方が「都合よく」、「10月下旬」とでは「9月上旬」の方が「かなり都合よい」という意見が多かった。
　次に、「試合との重複」では、「6月中旬」と「9月上旬」では同じくらいであったが、両時期よりも「10月下旬」の方が「都合よい」ということであった。
　また、「気候」については、「9月上旬」と「6月中旬」では「6月中旬」の方が適しており、「10月下旬」と「6月中旬」では「6月中旬」の方がより適しているという意見であった。また、「10月下旬」と「9月上旬」では「10月下旬」の方が適しているということになった。

【練習問題 1-2】

　次の自分の考えをAHPを用いてまとめ、どちらの靴を購入するか決めよ。

　靴の「デザイン」「価格」「履き心地」「色」から考えて、A社の靴とB社の靴のどちらかを購入したい。まず、「デザイン」は「価格」や「色」と比較すると「デザイン」の方が「重要」であると思う。そして「価格」は「色」と比較すると「価格」の方が「重要」である。また、「履き心地」は「デザイン」や「価格」と比較すると「重要」で、「色」と比較すると「かなり重要」であると考えている。
　次に、各判断基準ごとに2つの会社の靴を比較すると、「デザイン」と「色」に関してはB社の方が「よい」と思えるが、「履き心地」に関しては逆にA社の方が「よい」と感じた。しかし、「価格」はほとんど差がなかった。

2 食材の分量

2.1 線形計画法の図による解

まず、オペレーションズ・リサーチ（ＯＲ）の教科書に出てくる線形計画法の事例を紹介する。

【問題】

　ある会社では、製品Ａと製品Ｂの2種類の製品を製造している。製品Ａを1kg製造するのに、電力3kWh／kg使用し、人手は10人／kg必要である。製品Ｂを1kg製造するのに、電力9kWh／kgかかるが、人手は5人／kgですむ。製品Ａを1kg製造すると4万円利益があり、製品Ｂを1kg製造すると3万円しか利益がない。ただし、その会社では1日に電力は90kWhしか使用できず、人手も110人しかいない。この状況では製品Ａと製品Ｂをどれだけ製造すれば利益が最もあがるか。

【データの作表】

　重要な数値を表2-1にまとめた。

表2-1　データ一覧

	製品Ａ	製品Ｂ	使用可能量
電力使用量（kWh／kg）	3	9	9 0
労力使用量（人／kg）	1 0	5	1 1 0
利益（万円／kg）	4	3	→　最大化

【数式化】

　この問題を、製品Ａの製造数量をx_1、製品Ｂの製造数量をx_2として数式で表現すると、制約条件としては、

$3x_1 + 9x_2 \leqq 90$ （電力使用量に関する制約）
$10x_1 + 5x_2 \leqq 110$ （労力に関する制約）

となる。加えて、x_1 と x_1 は製造数量なので負（－）になることはない。つまり、

$x_1 \geqq 0$
$x_2 \geqq 0$

という非負条件が必要になる。これらの条件の下で、次の目的関数 $f(x)$

$f(x) = 4x_1 + 3x_2$

を最大にすることを考える。

【図による解】

図2-1は次の4つの制約式と非負条件

$3x_1 + 9x_2 \leqq 90$
$10x_1 + 5x_2 \leqq 110$
$x_1 \geqq 0$
$x_2 \geqq 0$

をすべて満たした範囲を示している。

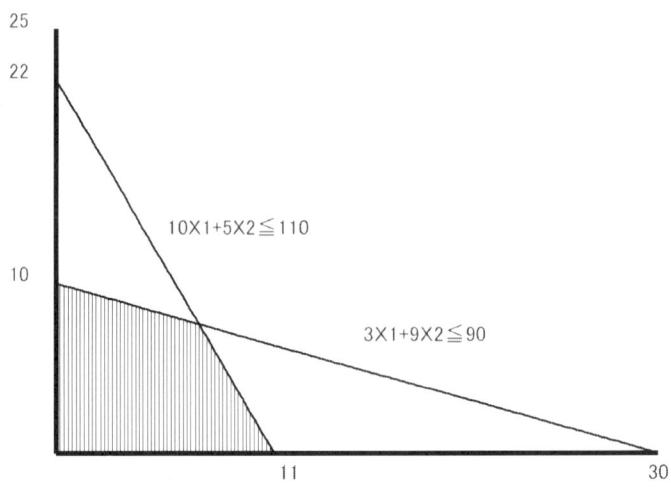

図2-1　すべての制約条件を満たす範囲

つまり、この範囲に接した状態で

$4x_1 + 3x_2 =$ 定数

この定数が最大値を持つ目的関数を求めればよいことになる。図2-2は $4x_1 + 3x_2 = 30$ から次第に定数を増やしていくと、定数が５１．６で制約条件と接することになり、これ以上定数を増やすと制約条件を離れてしまう状態を示している。この点の座標は $(x_1 = 7.2, x_2 = 7.6)$ である。つまり、製品Ａは７．２kg、製品Ｂは７．６kg製造すると利益は最大になり、その金額は５１．６万円ということになる。

2. 食材の分量

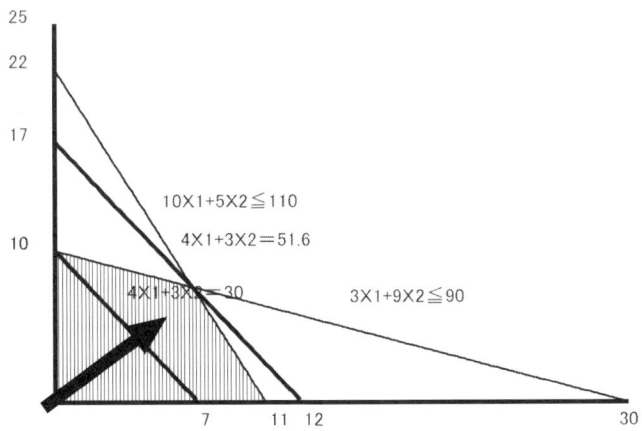

図2-2 目的関数を左下から右上に移動していき、制限範囲に接する点を見つける

2.2 線形計画法のソルバーによる解

　図による解は直感的な理解には役立つが、いろいろな直線をあてはめる必要があり、精度も低い。そこで、通常はシンプレックス法と呼ばれる複雑な計算を行う。しかし、Excelのソルバーを使うと簡単に計算することができる。ソルバーは非線形最適化法を数値的に行うもので、多少精度は落ちるが実用上はそれほど問題はない。

　ソルバーはアドインされていなければ使えないので、アドインしていなければアドインする必要がある。アドインはExcelの最初の画面で、Excelのオプション(I) をクリックし、表示された画面の左のダイアログから「アドイン」を選ぶ。次に、画面下の「設定」を選び、「ソルバーアドイン」にチェックを入れる。

表2-2 ソルバーのアドイン

	順序	操作手順
ソルバーのアドイン	1	Excelのオプション(I) をクリック
	2	「アドイン」
	3	「設定」
	4	「ソルバーアドイン」

ソルバーはツールバーの「データ」から「ソルバー」を選べば使える。

表2-3 ソルバーの開始

	順序	操作手順
ソルバーの開始	1	「データ」をクリック
	2	「ソルバー」をクリック

【シートの作成】

まず、図2-3のように必要な名称や数値をExcelのシートに入力しておく。

	A	B	C	D
1		製品A	製品B	使用可能量
2		1	1	
3	電力使用量	3	9	90
4	労力使用量	10	5	110
5				目的関数
6	利益	4	3	

図2-3　Excelの設定画面

【関数の入力】

セルD6には最大化にする目的関数を入力しておく。求める製品Aと製品Bのｋｇ数はセルB2とC2に仮の数値1を代入しておく。図2-4は関数入力後のExcelの画面である。

表2-4　関数の入力

順序	セル番地	操作／入力内容	説　明
1	D6	＝B2＊B6＋C2＊C6	最大にする目的関数

	A	B	C	D
1		製品A	製品B	使用可能量
2		1	1	
3	電力使用量	3	9	90
4	労力使用量	10	5	110
5				目的関数
6	利益	4	3	7

図2-4　関数入力後のExcelの画面

【ソルバーの設定】

次にソルバーを開始する。図2-5はソルバーのパラメタ設定画面である。

図2-5　ソルバーのパラメタ設定画面

2. 食材の分量

　この画面上に各種パラメタを入力していく。目的セルにはＤ６を指定し、目標値は「最大値(M)」をクリックする。変化させるセルはＢ２：Ｃ２の２つのセルを指定する。制約条件は、「追加(A)」をクリックすると図2-6のような制約条件の入力画面になる。

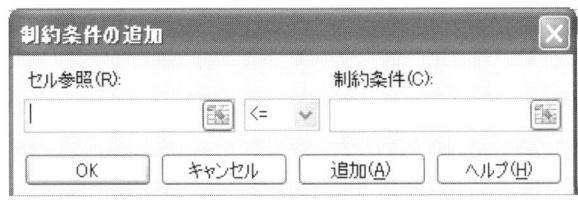

図2-6　制約条件の入力画面

　そこで、「セル参照(R)」には基準となる値が入力されているセルを指定し、「制約条件(C)」には計算式を入力する。入力が完了すると「パラメータ設定」画面上では

　　＄Ｄ＄３≧＄Ｂ＄２＊＄Ｂ＄３＋＄Ｃ＄２＊＄Ｃ＄３
　　＄Ｄ＄４≧＄Ｂ＄２＊＄Ｂ＄４＋＄Ｃ＄２＊＄Ｃ＄４
　　＄Ｂ＄２≧０
　　＄Ｃ＄２≧０

と表示される。以上、ソルバーの設定内容を表2-5にまとめた。

表2-5　ソルバーの設定内容

	ソルバーの設定内容			
目的セル	Ｄ６			
目標値	最大値			
変化させるセル	Ｂ２：Ｃ２			
制約条件	no.	セル参照	演算子	制約条件
	1	＄Ｄ＄３	≧	＄Ｂ＄２＊＄Ｂ＄３＋＄Ｃ＄２＊＄Ｃ＄３
	2	＄Ｄ＄４	≧	＄Ｂ＄２＊＄Ｂ＄４＋＄Ｃ＄２＊＄Ｃ＄４
	3	＄Ｂ＄２	≧	０
	4	＄Ｃ＄２	≧	０

【計算結果】

　すべてのパラメタを入力後、「実行」をクリックすると「最適解が見つかりました。制約条件はすべて満たされました。」と表示され、図2-7のような結果が得られる。

	A	B	C	D
1		製品A	製品B	使用可能量
2		7.2	7.6	
3	電力使用量	3	9	90
4	労力使用量	10	5	110
5				目的関数
6	利益	4	3	51.6

図2-7　計算結果

つまり、最適な生産量は、製品Aが7．2kg、製品Bが7．6kgで、その際の利益は51．6万円ということになり、先ほどの図による解と結果は一致する。

2.3　栄養問題のソルバーによる解

減量や特定の症状が出たときに、「××には○○がいっぱいあるから食べなさい」とよく言われるが、そればかりたくさん食べていると、同時に含まれる別の栄養素、例えば熱量をとり過ぎる場合がある。そのような場合、いくつかの食物を組み合わせて、必要な栄養素の量を確保しながら、できるだけカロリーを最小にすることを考える。この種の問題はオペレーションズ・リサーチの分野では「栄養問題」と呼ばれる。

【問題】

料理をひじきと牛乳だけでつくるとする。ひじきには100ｇあたりカルシウムが1400mg含まれ、鉄分は55mg、塩分は4g含まれている。牛乳には100ｇあたりカルシウムが100mg含まれ、鉄分は0．1mg、塩分は0．1ｇしか含まれていない。20歳の栄養所要量は、カルシウムは700mg、鉄は12mg摂取するようになっている。ただし、高血圧予防のため塩分は極力取りたくない。ひじきと牛乳をどれだけ食べればいいだろうか。

【データの作表】

重要な数値を表2-6にまとめた。

表2-6　データ一覧

	ひじき	牛乳	所要量
カルシウム（ｍｇ）	１４００	１００	７００
鉄分（ｍｇ）	５５	０．１	１２
塩分（ｇ）	４	０．１	→ 最小化

【数式化】

この問題を、ひじきの摂取量をx_1、牛乳の摂取量数をx_2として数式で表現すると、制約条件としては、

$$1400x_1 + 100x_2 \geq 700$$
$$55x_1 + 0.1x_2 \geq 12$$

となる。加えて、x_1とx_1は

$$x_1 \geq 0$$

2. 食材の分量

$$x_2 \geqq 0$$

という非負条件が必要になる。これらの条件の下で、次の目的関数 f(x)

$$f(x) = 4x_1 + 0.1x_2$$

を最小にすることを考える。

【シートの作成】

まず、図2-8のように必要な名称や数値をExcelのシートに入力しておく。

	A	B	C	D
1		ひじき	牛乳	所要量
2		1.00	1.00	
3	カルシウム	1400	100	700
4	鉄	55	0.1	12
5				目的関数
6	食塩	4	0.1	

図2-8　Excelの設定画面

セルD6には表2-6に示す最小にする目的関数を入力しておく。初期値としてひじきと牛乳の量を仮に1.00にしておく。セル内の数値の小数点表示を2桁に固定するには、「セルの書式設定」→「表示形式」→「数値」と選び、「小数点以下の桁数」を2にする。

【関数の入力】

入力する関数は表2-7に、そして関数入力後のExcelの画面を図2-9に示した。

表2-7　関数の入力

順序	セル番地	操作／入力内容	説　明
1	D6	＝B2＊B6＋C2＊C6	最小にする目的関数

	A	B	C	D
1		ひじき	牛乳	所要量
2		1.00	1.00	
3	カルシウム	1400	100	700
4	鉄	55	0.1	12
5				目的関数
6	食塩	4	0.1	4.10

図2-9　関数入力後のExcelの画面

【ソルバーの設定】

ソルバーの設定内容は表2-8にまとめた。先の例と異なるのは、「目的関数を最大化する」のではなく、逆に、「目的関数を最小化する」点と、条件式の不等号が「≧」ではなく、「≦」と逆になった点である。

表2-8 ソルバーの設定内容

	ソルバーの設定内容			
目的セル	D6			
目標値	最小値			
変化させるセル	B2:C2			
制約条件	no.	セル参照	演算子	制約条件
	1	\$D\$3	≦	\$B\$2*\$B\$3+\$C\$2*\$C\$3
	2	\$D\$4	≦	\$B\$2*\$B\$4+\$C\$2*\$C\$4
	3	\$B\$2	≧	0
	4	\$C\$2	≧	0

【計算結果】

すべてのパラメタを入力後、「実行」をクリックすると「最適解が見つかりました。制約条件はすべて満たされました。」と表示され、図2-10のような結果が得られる。

	A	B	C	D
1		ひじき	牛乳	所要量
2		0.21	4.05	
3	カルシウム	1400	100	700
4	鉄	55	0.1	12
5				目的関数
6	食塩	4	0.1	1.25

図2-10 計算結果

つまり、ひじきを21g、牛乳を405g摂れば所要量を満たし、塩分も1.25gに抑えられることになる。図2-11はその様子を図に示したものである。

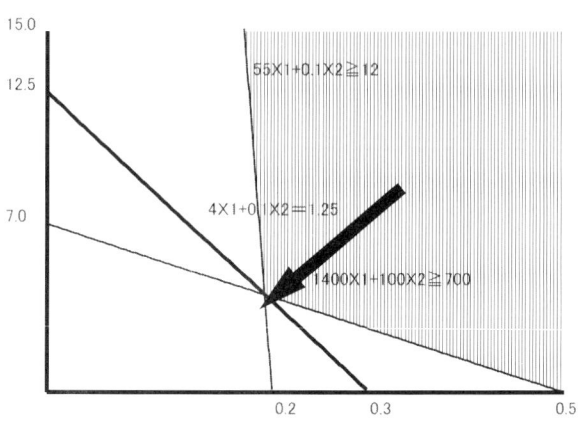

図2-11 図による結果

2.4 条件式が3つの場合

いままでは条件式が2つだけであったが、3つ以上の場合も同様に最適解を求めることができる。

【問題】

料理をひじきと牛乳だけでつくるとする。ひじきには100gあたりカルシウムが1400mg含まれ、鉄分は55mg、塩分は4g、蛋白質は10g含まれている。牛乳には100gあたりカルシウムが100mg含まれ、鉄分は0.1mg、塩分は0.1g、蛋白質は3g含まれている。ここで、カルシウムは700mg、鉄は12mg以上摂取するようにして、塩分は10g以下にしたい。ただし、蛋白質はできるだけ多く摂取したい。ひじきと牛乳をどれだけ食べればいいだろうか。

【データの作表】

重要な数値を表2-9にまとめた。

表2-9　データ一覧

	ひじき	牛乳	所要量
カルシウム（mg）	1400	100	700
鉄分（mg）	55	0.1	12
塩分（g）	4	0.1	10
蛋白質（g）	10	3	→ 最大化

【数式化】

この問題を、ひじきの摂取量を x_1、牛乳の摂取量を x_2 として数式で表現すると、制約条件としては、

$$1400x_1 + 100x_2 \geq 700$$
$$55x_1 + 0.1x_2 \geq 12$$
$$4x_1 + 0.1x_2 \leq 10$$

となる。さらに、x_1 と x_2 は

$$x_1 \geq 0$$
$$x_2 \geq 0$$

という非負条件が必要になる。これらの条件の下で、次の目的関数 $f(x)$

$$f(x) = 10x_1 + 3x_2$$

を最大にすることを考える。

【シートの作成】

まず、図2-12のように必要な名称や数値をExcelのシートに入力しておく。

	A	B	C	D
1		ひじき	牛乳	所要量
2		1.00	1.00	
3	カルシウム	1400	100	700
4	鉄	55	0.1	12
5	食塩	4	0.1	10
6				目的関数
7	蛋白質	10	3	13.00

図2-12　Excelの設定画面

【関数の入力】

セルD7には表2-10に示す最大にする目的関数を入力しておく。初期値としてひじきと牛乳の量を仮に1.00にしておく。

表2-10　関数の入力

順序	セル番地	操作／入力内容	説　明
1	D7	＝B2＊B7＋C2＊C7	最大にする目的関数

【ソルバーの設定】

ソルバーの設定内容は表2-11にまとめた。先の例と異なるのは、条件式が1つ増えるだけである。

表2-11　ソルバーの設定内容

	ソルバーの設定内容			
目的セル	D7			
目標値	最大値			
変化させるセル	B2：C2			
制約条件	no.	セル参照	演算子	制約条件
	1	$D$3	≦	$B$2＊$B$3＋$C$2＊$C$3
	2	$D$4	≦	$B$2＊$B$4＋$C$2＊$C$4
	3	$D$5	≧	$B$2＊$B$5＋$C$2＊$C$5
	4	$B$2	≧	0
	5	$C$2	≧	0

【計算結果】

すべてのパラメタを入力後、「実行」をクリックすると「最適解が見つかりました。制約条件はすべて満たされました。」と表示され、図2-13のような結果が得られる。

2. 食材の分量

	A	B	C	D
1		ひじき	牛乳	所要量
2		0.04	98.43	
3	カルシウム	1400	100	700
4	鉄	55	0.1	12
5	食塩	4	0.1	10
6				目的関数
7	蛋白質	10	3	295.69

図2-13　計算結果

つまり、ひじきを4ｇ、牛乳を9843ｇ摂れば所要量を満たし、蛋白質は295．69ｇ摂取することができることになる。図2-14はその様子を図に示したものである。斜線で囲まれた部分に接する範囲で、10x₁＋3x₂　が最大値を得る点をさがすことになる。

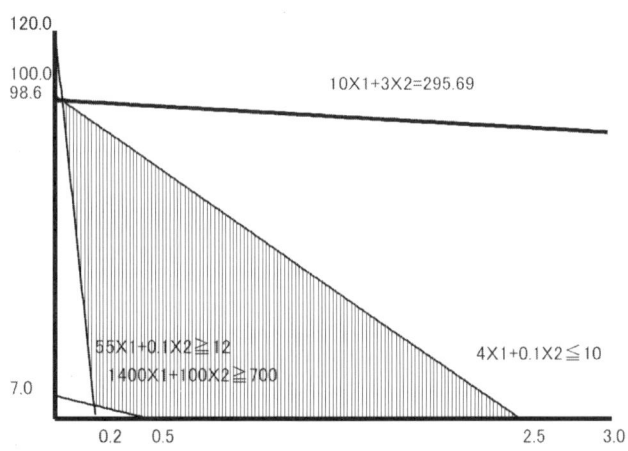

図2-14　図による結果

2.5　練習問題

【練習問題 2-1】

　料理を鶏肉とハムだけでつくるとする。鶏肉には100ｇあたりエネルギーが254kcal含まれ、蛋白質は11g、脂質は18.6g含まれている。ハムには100gあたりエネルギーが124kcal含まれ、蛋白質は12g、脂質は16g含まれている。試合前のためエネルギーは2550kcal、蛋白質は180g以上を摂取したい。ただし、体重増加は避けたいので脂質は極力取りたくない。鶏肉とハムをどれだけ食べればいいだろうか。

【練習問題 2-2】

　料理を鶏肉とハムだけでつくるとする。鶏肉には100ｇあたりエネルギーが254kcal含まれ、蛋白質は11g、塩分は0.1g、脂質は18.6g含まれている。ハムには100gあたりエネルギーが124kcal含まれ、蛋白質は12g、塩分は3.3g、脂質は16g含まれている。試合前のためエネルギーは2550kcal、蛋白質は180g以上を摂取したいが、塩分は10g以下に抑えたい。さらに、体重増加は避けたいので脂質は極力取りたくない。鶏肉とハムをどれだけ食べればいいだろうか。

3 物品購入

3.1 部費で物品購入

　年度末、部費が2万円余った。部員の意見を聞いて部室の物品を購入しようと思う。部員が購入したい物品は表3-1のとおりであった。予算の範囲内でできるだけ多くの部員の希望をかなえたい。どの物品を購入したらよいだろうか。

表3-1　物品の単価と希望人数

品　名	単価（千円）	希望する部員数（人）
鏡	7	12
テーブル	6	7
モップ	2	5
時計	8	10
ミニ黒板	5	6
ゴミ箱	3	4
卓上蛍光灯	3	3

　通常は、希望人数が多い順に並び替え、順に決めていく方法が考えられる。表3-2は希望人数の多いものから順に並び替えた物品表である。

表3-2　希望人数でソートした後

品　名	単価（千円）	希望する部員数（人）	累積価格（千円）	購入の可否
鏡	7	12	7	○
時計	8	10	15	○
テーブル	6	7	(21)	×
ミニ黒板	5	6	20	○
モップ	2	5	―	―
ゴミ箱	3	4	―	―
卓上蛍光灯	3	3	―	―

　まず、鏡を購入することを決める。この時点で総額は7千円である。次に、時計を購入する。この時点で総額は15千円である。まだ予算に余裕があるのでテーブルを購入しようとするが、テーブルを購入すると予算の20千円をこえてしまうので断念して、次のミニ黒板を検討する。ミニ黒板は単価が5千円で、総額がちょうど20千円になる。結局、28人の部員の満足する「鏡」「時計」「ミニ黒板」を購入することにした。ところがこれは最適な計画ではない。なぜなら、「ミニ黒板」ではなく、「モップ」と「ゴミ箱」を選べば希望する人数は9人（＝5＋4）なのでさらに3人の部員の希望を満足させることができるからである。

表3-3　最適購入計画

品　名	単価（千円）	希望する部員数（人）	購入の可否	購入金額（千円）	満足する人数（人）
鏡	7	12	○	7	12
時計	8	10	○	8	10
テーブル	6	7	×		
ミニ黒板	5	6	×		
モップ	2	5	○	2	5
ゴミ箱	3	4	○	3	4
卓上蛍光灯	3	3	×		
			合計	20	31

3.2　ソルバーによる解

　上の問題にExcelのソルバーを使って最適解を求めることができる。

3. 物品購入

【数式化】

　この問題では、鏡を「購入する」か、「しない」かをx_1で表現することにする。つまり、「購入する」場合は1、「しない」場合は0の2値だけからなる変数とする。同様に、時計を購入するか、しないかをx_2、テーブルをx_3、ミニ黒板をx_4、モップをx_5、ゴミ箱をx_6、卓上蛍光灯をx_7とする。すると、制約条件は、

$$7x_1+8x_2+6x_3+5x_4+2x_5+3x_6+3x_7 \leqq 20$$

となる。これらの条件の下で、次の目的関数 f(x)

$$f(x)=12x_1+10x_2+7x_3+6x_4+5x_5+4x_6+3x_7$$

を最大にすることを考える。また、変数が1あるいは0にしかならない場合をソルバーでは「バイナリ」といい、制約条件の中に加える。

【シートの作成】

　まず、図3-1のように必要な名称や数値をExcelのシートに入力しておく。

	A	B	C	D	E	F
1	品名	単価	希望人数	購入の可否	購入金額	満足する人数
2	鏡	7	12	1		
3	テーブル	6	7	1		
4	モップ	2	5	1		
5	時計	8	10	1		
6	ミニ黒板	5	6	1		
7	ゴミ箱	3	4	1		
8	卓上蛍光灯	3	3	1		
9				合計		

図3-1　Excelの設定画面

初期値として「購入の可否」には仮に1を入れておく。

【関数の入力】

　入力する関数は表3-4に、そして関数入力後のExcelの画面を図3-2に示した。

表3-4　関数の入力

順序	セル番地	操作／入力内容	説明
1	E2	=B2*D2	購入物品の単価
2	E2の関数をE3からE8までコピー		
3	F2	=C2*D2	購入物品により満足する人数
4	F2の関数をF3からF8までコピー		
5	E9	=SUM(E2*E8)	購入総金額
6	F9	=SUM(F2:F8)	満足する総人数

	A	B	C	D	E	F
1	品名	単価	希望人数	購入の可否	購入金額	満足する人数
2	鏡	7	12	1	7	12
3	テーブル	6	7	1	6	7
4	モップ	2	5	1	2	5
5	時計	8	10	1	8	10
6	ミニ黒板	5	6	1	5	6
7	ゴミ箱	3	4	1	3	4
8	卓上蛍光灯	3	3	1	3	3
9				合計	34	47

図3-2　Excelの関数入力後の画面

ここで、E9の34を20以下にする条件のもとで、F9の数値を最大にする。

【ソルバーの設定】

ソルバーの設定内容は表3-5にまとめた。

表3-5　ソルバーの設定内容

	ソルバーの設定内容			
目的セル	F9			
目標値	最大値			
変化させるセル	D2:D8			
制約条件	no.	セル参照	演算子	制約条件
	1	$E$9	≦	20
	2	$D$2:$D$8	データ	バイナリ

【計算結果】

すべてのパラメタを入力後、「実行」をクリックすると「最適解が見つかりました。制約条件はすべて満たされました。」と表示され、図3-3のような結果が得られる。

	A	B	C	D	E	F
1	品名	単価	希望人数	購入の可否	購入金額	満足する人数
2	鏡	7	12	1	7	12
3	テーブル	6	7	0	0	0
4	モップ	2	5	1	2	5
5	時計	8	10	1	8	10
6	ミニ黒板	5	6	0	0	0
7	ゴミ箱	3	4	1	3	4
8	卓上蛍光灯	3	3	0	0	0
9				合計	20	31

図3-3　計算結果

つまり、購入するのは「鏡」「モップ」「時計」「ゴミ箱」で総購入金額は2万円ちょうどで、それにより満足する部員数は31名になる。これは表3-3の結果と同じになる。

3.3 体育館倉庫に保管する物

【問題】

　体育の授業で使用する器具や道具を保管する倉庫は、体育館内の小さな倉庫と体育館から離れた大きな倉庫の2つがある。離れた倉庫から器具や道具を運ぶのは大変なので使用頻度の高いものはできるだけ体育館内の倉庫に置きたい。バスケットボールは保管するのに体育館倉庫の23%を使用し、昨年は15回使用した。バレーボールは体育館倉庫の16%を使用し、昨年は14回使用した。卓球のラケットは体育館倉庫の9%を使用し、昨年は10回使用した。跳箱は体育館倉庫の12%を使用し、昨年は7回使用した。背筋力計は体育館倉庫の8%を使用し、昨年は6回使用した。得点板は体育館倉庫の12%を使用し、昨年は16回使用した。ハンドボールは体育館倉庫の24%を使用し、昨年は18回使用した。移動式垂直跳計は体育館倉庫の5%を使用し、昨年は4回使用した。柔道用畳は体育館倉庫の13%を使用し、昨年は8回使用した。どの器具と道具を体育館倉庫に保管したらいいだろうか。

【データの作表】

表3-6　データ一覧

品名	占有率	昨年使用頻度
バスケットボール	23	15
バレーボール	16	14
卓球のラケット	9	10
跳箱	12	7
背筋力計	8	6
得点板	12	16
ハンドボール	24	18
移動式垂直跳計	5	4
柔道用畳	13	8

【数式化】

　バスケットボールの保管の有無を示すバイナリ変数をx_1、バレーボールをx_2、卓球のラケットをx_3、跳箱をx_4、背筋力計をx_5、得点板をx_6、ハンドボールをx_7、移動式垂直跳計をx_8、柔道用の畳をx_9とすると制約条件は、

$$23x_1+16x_2+9x_3+12x_4+8x_5+12x_6+24x_7+5x_8+13x_9 \leqq 100$$

となる。これらの条件の下で、次の目的関数 f(x)

$$f(x)=15x_1+14x_2+10x_3+7x_4+6x_5+16x_6+18x_7+4x_8+8x_9$$

を最大にすることを考える。

【シートの作成】

　まず、図3-4のように必要な名称や数値をExcelのシートに入力しておく。

	A	B	C	D	E	F
1	品名	占有率	昨年使用頻度	保管の有無	占有率	総使用頻度
2	バスケットボール	23	15	1		
3	バレーボール	16	14	1		
4	卓球のラケット	9	10	1		
5	跳箱	12	7	1		
6	背筋力計	8	6	1		
7	得点板	12	16	1		
8	ハンドボール	24	18	1		
9	移動式垂直跳計	5	4	1		
10	柔道用畳	13	8	1		
11				合計		

図3-4　Excelの設定画面

初期値として「保管の有無」には仮に1を入れておく。

【関数の入力】

入力する関数は表3-7に、そして関数入力後のExcelの画面を図3-5に示した。

表3-7　関数の入力

順序	セル番地	操作／入力内容	説明
1	E2	＝B2＊D2	個々の物品の占有率
2	E2の関数をE3からE10までコピー		
3	F2	＝C2＊D2	個々の物品の使用頻度
4	F2の関数をF3からF10までコピー		
5	E11	＝SUM（E2＊E10）	総占有率
6	F11	＝SUM（F2：F10）	総使用頻度

	A	B	C	D	E	F
1	品名	占有率	昨年使用頻度	保管の有無	占有率	総使用頻度
2	バスケットボール	23	15	1	23	15
3	バレーボール	16	14	1	16	14
4	卓球のラケット	9	10	1	9	10
5	跳箱	12	7	1	12	7
6	背筋力計	8	6	1	8	6
7	得点板	12	16	1	12	16
8	ハンドボール	24	18	1	24	18
9	移動式垂直跳計	5	4	1	5	4
10	柔道用畳	13	8	1	13	8
11				合計	122	98

図3-5　Excelの関数入力後の画面

ここで、E11の122を100以下にする条件のもとで、F11の数値を最大にする。

3. 物品購入

【ソルバーの設定】

ソルバーの設定内容は表3-8にまとめた。

表3-8 ソルバーの設定内容

<table>
<tr><th colspan="5">ソ ル バ ー の 設 定 内 容</th></tr>
<tr><td>目的セル</td><td colspan="4">F11</td></tr>
<tr><td>目標値</td><td colspan="4">最大値</td></tr>
<tr><td>変化させるセル</td><td colspan="4">D2:D10</td></tr>
<tr><td rowspan="3">制約条件</td><td>no.</td><td>セル参照</td><td>演算子</td><td>制約条件</td></tr>
<tr><td>1</td><td>$E$11</td><td>≦</td><td>100</td></tr>
<tr><td>2</td><td>$D$2:$D$10</td><td>データ</td><td>バイナリ</td></tr>
</table>

【計算結果】

すべてのパラメタを入力後、「実行」をクリックすると「最適解が見つかりました。制約条件はすべて満たされました。」と表示され、図3-6のような結果が得られる。

	A	B	C	D	E	F
1	品名	占有率	昨年使用頻度	保管の有無	占有率	総使用頻度
2	バスケットボール	23	15	1	23	15
3	バレーボール	16	14	1	16	14
4	卓球のラケット	9	10	1	9	10
5	跳箱	12	7	0	0	0
6	背筋力計	8	6	1	8	6
7	得点板	12	16	1	12	16
8	ハンドボール	24	18	1	24	18
9	移動式垂直跳計	5	4	1	5	4
10	柔道用畳	13	8	0	0	0
11				合計	97	83

図3-6 計算結果

つまり、体育館倉庫で保管するのは「バスケットボール」「バレーボール」「卓球のラケット」「背筋力計」「得点板」「ハンドボール」「移動式垂直跳計」で保管率は97%となり、それにより総使用頻度は83回になる。

表3-9 使用頻度の多い順に選んだ場合

品名	占有率	昨年使用頻度	累積占有率	累積使用頻度
ハンドボール	24	18	24	18
得点板	12	16	36	34
バスケットボール	23	15	59	49
バレーボール	16	14	75	63
卓球のラケット	9	10	84	73
柔道用畳	13	8	97	81
跳箱	12	7	−	−
背筋力計	8	6	−	−
移動式垂直跳計	5	4	−	−

これに対して、昨年使用頻度の順番にソートし、累積した「占有率」と累積した「使用頻度」を加えたものが表3-9である。これを使って、使用頻度の多いものから100%を超えない範囲で物品を選ぶとすると、「ハンドボール」「得点板」「バスケットボール」「バレーボール」「卓球のラケット」「柔道用畳」が選ばれ、占有率も97%であるが、使用頻度は81回となり、ソルバーを使った解の83回に比べると低くなってしまう。

3.4 練習問題

【練習問題 3-1】

本年度の体育科の物品購入のための予算が45万円配分された。物品の価格と購入希望の調査をした結果、以下のようになった。できるだけ多くの教員の希望をかなえられる購入計画を立てよ。

品名	単価（単位：千円）	希望者
パソコン	187	11
プリンター	79	6
掃除機	38	2
ラジカセ	82	5
ビデオカメラ	31	4
デジタルカメラ	127	7
テレビ	66	5
CDプレーヤー	91	4

【練習問題 3-2】

雨のため普段は外で活動していた部がトレーニングのために体育館の使用を願い出ている。希望する部が多いので、いくつかの部は断らないといけない。各部が使用する体育館の面積と部員数は以下のとおりである。できるだけ多くの部員に利用させるためにはどの部の使用を断ればよいか検討せよ。

3. 物品購入

品名	使用面積	部員数
新体操部	1/4	22
空手部	1/6	19
バドミントン部	1/8	11
水泳部	1/4	32
柔道部	1/6	17
剣道部	1/8	15
合気道部	1/4	20
器械体操部	1/4	17
山岳部	1/8	16

4 グルーピング

4.1 希望に応じてコース分け

　キャンプ実習に30人の学生が参加している。3日目にはそれぞれコースに分かれて、野外調理法、乗馬、トレッキングをすることになっている。ただし、乗馬は車で移動するため5人まで、野外調理法はかまどの数が限定されているので15人まで、トレッキングは10人までという制限がある。できるだけ学生の希望にそって割り振りたいと思っている。表4-1は希望順位を調査した結果である。つまり、1番行きたいコースに「1」、2番目に「2」、最も希望しないコースに「3」を記入してもらった。どのようにコース分けすれば学生の希望どおりになるだろうか。

表4-1　コースの希望調査結果

氏名	野外調理法	乗馬	トレッキング
学生01	1	2	3
学生02	2	1	3
学生03	2	3	1
学生04	2	1	3
学生05	1	2	3
学生06	1	2	3
学生07	2	1	3
学生08	2	1	3
学生09	2	3	1
学生10	2	3	1
学生11	1	2	3
学生12	2	1	3
学生13	3	1	2
学生14	1	2	3
学生15	2	1	3

氏名	野外調理法	乗馬	トレッキング
学生16	3	1	2
学生17	3	1	2
学生18	3	1	2
学生19	1	2	3
学生20	2	3	1
学生21	2	3	1
学生22	1	2	3
学生23	1	2	3
学生24	1	2	3
学生25	3	1	2
学生26	2	1	3
学生27	2	3	1
学生28	2	3	1
学生29	3	1	2
学生30	2	3	1

（単位：希望順位）

手作業でコース分けする場合は通常どのように考えるだろうか。とりあえず、希望のパターン別にソートしてみる。表4-2は希望のパターンにソートした結果である。

表4-2 ソートした後の希望調査

氏名	野外調理法		乗馬		トレッキング	
学生01	1	○	2		3	
学生05	1	○	2		3	
学生06	1	○	2		3	
学生11	1	○	2		3	
学生14	1	○	2		3	
学生19	1	○	2		3	
学生22	1	○	2		3	
学生23	1	○	2		3	
学生24	1	○	2		3	
学生02	2		1	○	3	
学生04	2		1	○	3	
学生07	2		1	○	3	
学生08	2		1	○	3	
学生12	2		1	○	3	
学生15	2	△	1		3	
学生26	2	△	1		3	
学生03	2		3		1	○
学生09	2		3		1	○
学生10	2		3		1	○
学生20	2		3		1	○
学生21	2		3		1	○
学生27	2		3		1	○
学生28	2		3		1	○
学生30	2		3		1	○
学生13	3	△	1		2	
学生16	3	△	1		2	
学生17	3	△	1		2	
学生18	3	△	1		2	
学生25	3		1		2	△
学生29	3		1		2	△

（単位：希望順位）

　まず、第1希望の学生は優先的にそのコースに割り振る。表4-2では「○」印がついている学生である。野外調理法は15名に対して9名なので6名不足している。乗馬は5名の枠に13名なので上の5名を選ぶことにした。トレッキングは10名に対して8名なのでこの8名はトレッキングに割り振った。野外調理法の残り6名は、乗馬を希望した5名を除いた次の学生「学生15」と「学生26」、そして「トレッキング」を除いた「学生13」「学生16」「学生17」「学生18」に割り振ることにした。残りの「学生25」「学生29」の2名はトレッキングに割り振り、これで学生には我慢してもらうことにした。以上、希望通りでない学生には表中に「△」をつけてある。通常、人間が紙と鉛筆を使って考える範囲ではこのようにするだろうと思う。
　さて、この割り振りが最適な割り振りだったのだろうか。ここで各コースに割り振られた者の希望順位の合計を求めてみる。順位の合計を求めるというのは厳密には意味をなさないが、大まかな指標として考えることにする。すると、野外調理法は25、乗馬は5、トレッキングは12で、それらの合計は42であった。乗馬は全員が第1希望なので5、トレッキングは2名が第2希望の者がいるので＋2されている。野外調理法は第1希望の者以外にも、第2希望や第3希望の者が多いので＋10になっている。この合計42がさらに少ない割り振りがあれば、満足する学生が増えた、より最適な割り振りということになる。

4.2　ソルバーによる解

上の問題をExcelのソルバーを使って最適解を求めてみる。

【数式化】

この問題では、学生01が「野外調理法」に「振り分けられる」か、「されない」かをx_{11}で表現することにする。つまり、「振り分けられる」場合は1、「されない」場合は0のバイナリ変数とする。同様に、学生01の「乗馬」はx_{12}、学生01の「トレッキング」はx_{13}、とする。以下同様に、学生02の「野外調理法」はx_{21}、「乗馬」はx_{22}、「トレッキング」はx_{23}とし、全員についてこれをくり返す。この場合、1人の学生はどれか1つのコースに必ず振り分けられ、また2つ以上は同時にできない。つまり、制約条件は、

$$x_{11} + x_{12} + x_{13} = 1$$
$$x_{21} + x_{22} + x_{23} = 1$$
$$x_{31} + x_{32} + x_{33} = 1$$
$$\cdots\cdots\cdots\cdots$$
$$x_{301} + x_{302} + x_{303} = 1$$

となる。また、各コースは参加人数に制限があるので

$$x_{11} + x_{21} + \ldots + x_{301} = 15$$
$$x_{12} + x_{22} + \ldots + x_{302} = 5$$
$$x_{13} + x_{23} + \ldots + x_{303} = 10$$

となり、これらの条件の下で、次の目的関数 $f(x)$

$$\begin{aligned}f(x) =\ &1\,x_{11} + 2\,x_{12} + 3\,x_{13}\\&+2\,x_{21} + 1\,x_{22} + 3\,x_{23}\\&+2\,x_{11} + 3\,x_{12} + 1\,x_{13}\\&\cdots\cdots\cdots\cdots\\&+2\,x_{301} + 3\,x_{302} + 1\,x_{303}\end{aligned}$$

を最小にすることを考える。また、変数が1あるいは0にしかならないので、全変数を「バイナリ」として制約条件の中に加える。

【シートの作成】

まず、図4-1のように必要な名称や数値をExcelのシートに入力しておく。

	A	B	C	D	E	F	G	H	I	J	K
1	氏名	野外調理法	乗馬	トレッキング		氏名	野外調理法	乗馬	トレッキング	合計	
2	学生01	1	2	3		学生01	1	0	0		
3	学生02	2	1	3		学生02	1	0	0		
4	学生03	2	3	1		学生03	1	0	0		
5	学生04	2	1	3		学生04	1	0	0		
6	学生05	1	2	3		学生05	1	0	0		
7	学生06	1	2	3		学生06	1	0	0		
8	学生07	2	1	3		学生07	1	0	0		
9	学生08	2	1	3		学生08	1	0	0		
10	学生09	2	3	1		学生09	1	0	0		
11	学生10	2	3	1		学生10	1	0	0		
12	学生11	1	2	3		学生11	1	0	0		
13	学生12	2	1	3		学生12	1	0	0		
14	学生13	3	1	2		学生13	1	0	0		
15	学生14	1	2	3		学生14	1	0	0		
16	学生15	2	1	3		学生15	1	0	0		
17	学生16	3	1	2		学生16	1	0	0		
18	学生17	3	1	2		学生17	1	0	0		
19	学生18	3	1	2		学生18	1	0	0		
20	学生19	1	2	3		学生19	1	0	0		
21	学生20	2	3	1		学生20	1	0	0		
22	学生21	2	3	1		学生21	1	0	0		
23	学生22	1	2	3		学生22	1	0	0		
24	学生23	1	2	3		学生23	1	0	0		
25	学生24	1	2	3		学生24	1	0	0		
26	学生25	3	1	2		学生25	1	0	0		
27	学生26	2	1	3		学生26	1	0	0		
28	学生27	2	3	1		学生27	1	0	0		
29	学生28	2	3	1		学生28	1	0	0		
30	学生29	3	1	2		学生29	1	0	0		
31	学生30	2	3	1		学生30	1	0	0		
32						合計				目的関数	

図4-1　Excelの設定画面

初期値として「野外調理法」にすべて1を仮に入れておく。

【関数の入力】

関数をシートに入力するが、すべての「希望順位×振り分けの有無（1－0）」の合計を1つ1つ書くと非常に長くなるので、ここでは積和を求める「ＳＵＭＰＲＯＤＵＣＴ」関数を使う。関数SUMPRODUCTの書式は表4-3に示した。

表4-3　関数SUMPRODUCTの書式

SUMPRODUCT	一般書式	書式	＝SUMPRODUCT（範囲１，範囲２）
		説明	範囲１と範囲２の積和を求める
	事例	例	＝SUMPRODUCT（ａ１：ａ４，ｂ１：ｂ４）
		説明	実際には「a1＊b1＋a2＊b2＋a3＊b3＋a4＊b4」と同じ計算をしている

4. グルーピング

入力する関数は表4-4に、そして関数入力後のExcelの画面を図4-2に示した。

表4-4 関数の入力

順序	セル番地	操作／入力内容	説 明
1	G32	＝SUM(G2:G31)	各コースの総人数
2	G32の関数をH32とI32にコピー		
3	J2	＝SUM(G2:I2)	1人あたりのコース数
4	J2の関数をJ3からJ31までコピー		
5	K32	＝SUMPRODUCT(B2:D31,G2:I31)	目的関数

	A	B	C	D	E	F	G	H	I	J	K
1	氏名	野外調理法	乗馬	トレッキング		氏名	野外調理法	乗馬	トレッキング	合計	
2	学生01	1	2	3		学生01	1	0	0	1	
3	学生02	2	1	3		学生02	1	0	0	1	
4	学生03	2	3	1		学生03	1	0	0	1	
5	学生04	2	1	3		学生04	1	0	0	1	
6	学生05	1	2	3		学生05	1	0	0	1	
7	学生06	1	2	3		学生06	1	0	0	1	
8	学生07	2	1	3		学生07	1	0	0	1	
9	学生08	2	1	3		学生08	1	0	0	1	
10	学生09	2	3	1		学生09	1	0	0	1	
11	学生10	2	3	1		学生10	1	0	0	1	
12	学生11	1	2	3		学生11	1	0	0	1	
13	学生12	2	1	3		学生12	1	0	0	1	
14	学生13	3	1	2		学生13	1	0	0	1	
15	学生14	1	2	3		学生14	1	0	0	1	
16	学生15	2	1	3		学生15	1	0	0	1	
17	学生16	3	1	2		学生16	1	0	0	1	
18	学生17	3	1	2		学生17	1	0	0	1	
19	学生18	3	1	2		学生18	1	0	0	1	
20	学生19	1	2	3		学生19	1	0	0	1	
21	学生20	2	3	1		学生20	1	0	0	1	
22	学生21	2	3	1		学生21	1	0	0	1	
23	学生22	1	2	3		学生22	1	0	0	1	
24	学生23	1	2	3		学生23	1	0	0	1	
25	学生24	1	2	3		学生24	1	0	0	1	
26	学生25	3	1	2		学生25	1	0	0	1	
27	学生26	2	1	3		学生26	1	0	0	1	
28	学生27	2	3	1		学生27	1	0	0	1	
29	学生28	2	3	1		学生28	1	0	0	1	
30	学生29	3	1	2		学生29	1	0	0	1	
31	学生30	2	3	1		学生30	1	0	0	1	
32						合計	30	0	0	目的関数	57

図4-2 Excelの関数入力後の画面

ここで、Ｇ３２を15、Ｈ３２を5、Ｉ３２を10にし、Ｊ２からＪ３１をすべて1にするという条件のもとで、Ｋ３２の数値を最小にする。

【ソルバーの設定】

　ソルバーの設定内容は表4-5にまとめた。

表4-5　ソルバーの設定内容

	ソルバーの設定内容			
目的セル	Ｋ３２			
目標値	最小値			
変化させるセル	Ｇ２：Ｉ３１			
制約条件	no.	セル参照	演算子	制約条件
	1	＄Ｇ＄３２	＝	１５
	2	＄Ｈ＄３２	＝	５
	3	＄Ｉ３２	＝	１０
	4	＄Ｇ＄２：＄Ｉ＄３１	データ	バイナリ
	5	＄Ｊ＄２：＄Ｊ＄３１	＝	１

【計算結果】

　すべてのパラメタを入力後、「実行」をクリックすると、これまでとは違って少し時間がかかるが、「最適解が見つかりました。制約条件はすべて満たされました。」と表示され、図4-3のような結果が得られる。

4. グルーピング

	A	B	C	D	E	F	G	H	I	J	K
1	氏名	野外調理法	乗馬	トレッキング		氏名	野外調理法	乗馬	トレッキング	合計	
2	学生01	1	2	3		学生01	1	0	0	1	
3	学生02	2	1	3		学生02	0	1	0	1	
4	学生03	2	3	1		学生03	0	0	1	1	
5	学生04	2	1	3		学生04	1	0	0	1	
6	学生05	1	2	3		学生05	1	0	0	1	
7	学生06	1	2	3		学生06	1	0	0	1	
8	学生07	2	1	3		学生07	1	0	0	1	
9	学生08	2	1	3		学生08	1	0	0	1	
10	学生09	2	3	1		学生09	0	0	1	1	
11	学生10	2	3	1		学生10	0	0	1	1	
12	学生11	1	2	3		学生11	1	0	0	1	
13	学生12	2	1	3		学生12	1	0	0	1	
14	学生13	3	1	2		学生13	0	0	1	1	
15	学生14	1	2	3		学生14	1	0	0	1	
16	学生15	2	1	3		学生15	1	0	0	1	
17	学生16	3	1	2		学生16	0	1	0	1	
18	学生17	3	1	2		学生17	0	1	0	1	
19	学生18	3	1	2		学生18	0	1	0	1	
20	学生19	1	2	3		学生19	1	0	0	1	
21	学生20	2	3	1		学生20	0	0	1	1	
22	学生21	2	3	1		学生21	0	0	1	1	
23	学生22	1	2	3		学生22	1	0	0	1	
24	学生23	1	2	3		学生23	1	0	0	1	
25	学生24	1	2	3		学生24	1	0	0	1	
26	学生25	3	1	2		学生25	0	1	0	1	
27	学生26	2	1	3		学生26	1	0	0	1	
28	学生27	2	3	1		学生27	0	0	1	1	
29	学生28	2	3	1		学生28	0	0	1	1	
30	学生29	3	1	2		学生29	0	0	1	1	
31	学生30	2	3	1		学生30	0	0	1	1	
32						合計	15	5	10	目的関数	38

図4-3 計算結果

ただし、この結果は目的関数を最小にする最適な解の1つであっても、唯一の解ではない可能性もある。つまり、目的関数は同じ38であっても別のグルーピングのパターンもあるかもしれない。その場合は初期値を変えて実行すると別の解が得られる。

4.3 主観的重要度による解

上の例では「順位」をもとにグループ分けを行った。この場合は「どうしてもこのコースでないとだめだ」あるいは「どちらでもいい」といった詳細な希望を取り入れることができない。そこで、例えば、「持ち点を6点と考え、希望の度合いに応じて配点して下さい」という主観的な重要度をもとにすることも可能である。このようにすると「どちらでもいい」は3つのコースに各々2点ずつ配点すればよく、「どうしても乗馬でなければいやだ。他はどちらも行きたくない」という場合は、乗馬に6点、他の2コースには0点を配点すれば希望を表現することができる。

【問題】

体育祭の種目である「騎馬戦」「障害物競走」「綱引き」に参加するメンバーをクラスで選びた

い。男子25名のうち、騎馬戦には8名、障害物競走には7名、綱引きには10名がエントリーできる。各自が各種目に希望する程度を持ち点の合計が6点でアンケート用紙に書いてもらった。できるだけみんなが満足するような種目分けをしたい。

【データの作表】

持ち点の合計が６点になる条件の下で、希望調査を行った結果を表4-6に示した。

表4-6　持ち点の合計が６点の生徒の希望調査

氏名	騎馬戦	障害物競走	綱引き
生徒01	1	1	4
生徒02	3	2	1
生徒03	3	3	0
生徒04	5	1	0
生徒05	1	5	0
生徒06	4	2	0
生徒07	5	1	0
生徒08	2	3	1
生徒09	2	2	2
生徒10	1	3	2
生徒11	1	2	3
生徒12	0	1	5
生徒13	3	3	0
生徒14	5	0	1
生徒15	2	1	3
生徒16	3	1	2
生徒17	0	5	1
生徒18	4	1	1
生徒19	3	2	1
生徒20	2	4	0
生徒21	2	3	1
生徒22	5	1	0
生徒23	1	3	2
生徒24	2	2	2
生徒25	3	2	1

（単位：主観的重要度）

【数式化】

この問題でも生徒01が各種目に「参加する」「しない」をバイナリ変数として、「参加する」場合は1、「しない」場合は0とする。また、1人の生徒はどれか1つの種目に必ず参加し、また2つ以上は同時に参加できないので、制約条件は、

$$x_{11} + x_{12} + x_{13} = 1$$
$$x_{21} + x_{22} + x_{23} = 1$$
$$x_{31} + x_{32} + x_{33} = 1$$
$$\cdots\cdots\cdots\cdots$$
$$x_{251} + x_{252} + x_{253} = 1$$

となる。また、各種目は参加人数に制限があるので

$$x_{11} + x_{21} + \ldots + x_{301} = 8$$
$$x_{12} + x_{22} + \ldots + x_{302} = 7$$
$$x_{13} + x_{23} + \ldots + x_{303} = 10$$

となり、これらの条件の下で、次の目的関数 f(x)

$$f(x) = 1x_{11} + 1x_{12} + 4x_{13}$$
$$+ 3x_{21} + 2x_{22} + 1x_{23}$$
$$+ 3x_{11} + 3x_{12} + 0x_{13}$$
$$\cdots\cdots\cdots\cdots$$
$$+ 3x_{301} + 2x_{302} + 1x_{303}$$

を今度は最大にすることを考える。また、先ほどと同様に全変数を「バイナリ」として制約条件の中に加える。

【シートの作成】

まず、図4-4のように必要な名称や数値をExcelのシートに入力しておく。

	A	B	C	D	E	F	G	H	I	J	K
1	氏名	騎馬戦	障害物競走	綱引き		氏名	騎馬戦	障害物競走	綱引き	合計	
2	生徒01	1	1	4		生徒01	1	0	0		
3	生徒02	3	2	1		生徒02	1	0	0		
4	生徒03	3	3	0		生徒03	1	0	0		
5	生徒04	5	1	0		生徒04	1	0	0		
6	生徒05	1	5	0		生徒05	1	0	0		
7	生徒06	4	2	0		生徒06	1	0	0		
8	生徒07	5	1	0		生徒07	1	0	0		
9	生徒08	2	3	1		生徒08	1	0	0		
10	生徒09	2	2	2		生徒09	1	0	0		
11	生徒10	1	3	2		生徒10	1	0	0		
12	生徒11	1	2	3		生徒11	1	0	0		
13	生徒12	0	1	5		生徒12	1	0	0		
14	生徒13	3	3	0		生徒13	1	0	0		
15	生徒14	5	0	1		生徒14	1	0	0		
16	生徒15	2	1	3		生徒15	1	0	0		
17	生徒16	3	1	2		生徒16	1	0	0		
18	生徒17	0	5	1		生徒17	1	0	0		
19	生徒18	4	1	1		生徒18	1	0	0		
20	生徒19	3	2	1		生徒19	1	0	0		
21	生徒20	2	4	0		生徒20	1	0	0		
22	生徒21	2	3	1		生徒21	1	0	0		
23	生徒22	5	1	0		生徒22	1	0	0		
24	生徒23	1	3	2		生徒23	1	0	0		
25	生徒24	2	2	2		生徒24	1	0	0		
26	生徒25	3	2	1		生徒25	1	0	0		
27						合計				目的関数	

図4-4 Excelの設定画面

初期値として「騎馬戦」にすべて1を仮に入れておく。

【関数の入力】

入力する関数は表4-7に、そして関数入力後のExcelの画面を図4-5に示した。

表4-7 関数の入力

順序	セル番地	操作／入力内容	説明
1	G27	＝SUM(G2:G26)	各コースの総人数
2	G27の関数をH27とI27にコピー		
3	J2	＝SUM(G2:I2)	1人あたりのコース数
4	J2の関数をJ3からJ26までコピー		
5	K27	＝SUMPRODUCT(B2:D26,G2:I26)	目的関数

	A	B	C	D	E	F	G	H	I	J	K
1	氏名	騎馬戦	障害物競走	綱引き		氏名	騎馬戦	障害物競走	綱引き	合計	
2	生徒01	1	1	4		生徒01	1	0	0	1	
3	生徒02	3	2	1		生徒02	1	0	0	1	
4	生徒03	3	3	0		生徒03	1	0	0	1	
5	生徒04	5	1	0		生徒04	1	0	0	1	
6	生徒05	1	5	0		生徒05	1	0	0	1	
7	生徒06	4	2	0		生徒06	1	0	0	1	
8	生徒07	5	1	0		生徒07	1	0	0	1	
9	生徒08	2	3	1		生徒08	1	0	0	1	
10	生徒09	2	2	2		生徒09	1	0	0	1	
11	生徒10	1	3	2		生徒10	1	0	0	1	
12	生徒11	1	2	3		生徒11	1	0	0	1	
13	生徒12	0	1	5		生徒12	1	0	0	1	
14	生徒13	3	3	0		生徒13	1	0	0	1	
15	生徒14	5	0	1		生徒14	1	0	0	1	
16	生徒15	2	1	3		生徒15	1	0	0	1	
17	生徒16	3	1	2		生徒16	1	0	0	1	
18	生徒17	0	5	1		生徒17	1	0	0	1	
19	生徒18	4	1	1		生徒18	1	0	0	1	
20	生徒19	3	2	1		生徒19	1	0	0	1	
21	生徒20	2	4	0		生徒20	1	0	0	1	
22	生徒21	2	3	1		生徒21	1	0	0	1	
23	生徒22	5	1	0		生徒22	1	0	0	1	
24	生徒23	1	3	2		生徒23	1	0	0	1	
25	生徒24	2	2	2		生徒24	1	0	0	1	
26	生徒25	3	2	1		生徒25	1	0	0	1	
27						合計	25	0	0	目的関数	63

図4-5 Excelの関数入力後の画面

ここで、G27を8、H27を7、I27を10にし、J2からJ26をすべて1にするという条件のもとで、K27の数値を最大にする。

【ソルバーの設定】

ソルバーの設定内容は表4-8にまとめた。

4. グルーピング

表4-8 ソルバーの設定内容

ソルバーの設定内容			
目的セル	K27		
目標値	最大値		
変化させるセル	G2：I26		
制約条件	no.	セル参照	演算子	制約条件
	1	\$G\$27	=	7
	2	\$H\$27	=	8
	3	\$I\$27	=	10
	4	\$G\$2：\$I\$26	データ	バイナリ
	5	\$J\$2：\$J\$26	=	1

【計算結果】

すべてのパラメタを入力後、「実行」をクリックすると、少し時間がかかるが、「最適解が見つかりました。制約条件はすべて満たされました。」と表示され、図4-6のような結果が得られる。

	A	B	C	D	E	F	G	H	I	J	K
1	氏名	騎馬戦	障害物競走	綱引き		氏名	騎馬戦	障害物競走	綱引き	合計	
2	生徒01	1	1	4		生徒01	0	0	1	1	
3	生徒02	3	2	1		生徒02	1	0	0	1	
4	生徒03	3	3	0		生徒03	1	0	0	1	
5	生徒04	5	1	0		生徒04	1	0	0	1	
6	生徒05	1	5	0		生徒05	0	1	0	1	
7	生徒06	4	2	0		生徒06	1	0	0	1	
8	生徒07	5	1	0		生徒07	1	0	0	1	
9	生徒08	2	3	1		生徒08	0	1	0	1	
10	生徒09	2	2	2		生徒09	0	0	1	1	
11	生徒10	1	3	2		生徒10	0	1	0	1	
12	生徒11	1	2	3		生徒11	0	0	1	1	
13	生徒12	0	1	5		生徒12	0	0	1	1	
14	生徒13	3	3	0		生徒13	0	1	0	1	
15	生徒14	5	0	1		生徒14	1	0	0	1	
16	生徒15	2	1	3		生徒15	0	0	1	1	
17	生徒16	3	1	2		生徒16	0	0	1	1	
18	生徒17	0	5	1		生徒17	0	1	0	1	
19	生徒18	4	1	1		生徒18	1	0	0	1	
20	生徒19	3	2	1		生徒19	0	0	1	1	
21	生徒20	2	4	0		生徒20	0	1	0	1	
22	生徒21	2	3	1		生徒21	0	1	0	1	
23	生徒22	5	1	0		生徒22	1	0	0	1	
24	生徒23	1	3	2		生徒23	0	0	1	1	
25	生徒24	2	2	2		生徒24	0	0	1	1	
26	生徒25	3	2	1		生徒25	0	0	1	1	
27						合計	8	7	10	目的関数	85

図4-6 計算結果

順位による方法は同じ希望が複数ある場合があるので、初期値によって必ずしも一意に定まらないが、主観的重要度を用いるとその可能性は低くなる。

4.4 練習問題

【練習問題 4-1】

京都での修学旅行で4つのコースを設定した。各コースとも乗り物の関係で7名までしか参加できない。クラス25名の希望調査をした結果、次のような希望順位であった。できるだけ学生の希望をかなえるようグルーピングせよ。

氏名	清水寺	嵐山	鞍馬山	金閣寺
学生01	3	1	2	4
学生02	1	2	3	4
学生03	2	3	1	4
学生04	1	2	3	4
学生05	3	1	4	2
学生06	1	2	3	4
学生07	4	1	3	2
学生08	1	4	3	2
学生09	2	1	4	3
学生10	1	3	4	2
学生11	3	1	4	2
学生12	2	3	4	1
学生13	2	4	1	3
学生14	2	1	3	4
学生15	1	2	3	4
学生16	1	3	4	2
学生17	1	3	4	2
学生18	2	1	4	3
学生19	1	2	3	4
学生20	2	4	1	3
学生21	1	4	2	3
学生22	1	4	3	2
学生23	4	1	2	3
学生24	2	1	3	4
学生25	2	3	4	1

【練習問題 4-2】

ホームルームの時間に4つの種目に分かれてレクリエーションをすることになった。ただし、用具の関係で、クラス22名のうち卓球は4名、バドミントンは2名、テニスは10名、フリスビーは6名しかすることができない。生徒の希望調査をした結果、次のような希望順位であった。できるだけ生徒の希望をかなえるように種目を割り振れ。

4. グルーピング

氏名	卓球	バドミントン	テニス	フリスビー
生徒01	2	3	4	1
生徒02	3	1	4	2
生徒03	1	4	3	2
生徒04	2	3	1	4
生徒05	3	1	4	2
生徒06	4	1	3	2
生徒07	4	3	1	2
生徒08	1	4	3	2
生徒09	1	2	4	3
生徒10	4	1	3	2
生徒11	4	3	2	1
生徒12	3	1	2	4
生徒13	3	1	4	2
生徒14	2	3	1	4
生徒15	3	1	2	4
生徒16	3	1	4	2
生徒17	1	2	4	3
生徒18	2	4	3	1
生徒19	2	1	3	4
生徒20	1	2	3	4
生徒21	2	3	4	1
生徒22	3	1	4	2

5 仕事の割り振り

5.1 仕事を割り振る

【問題】

　体育祭前日に体育係の生徒5名とその準備作業をしようと思っている。仕事は「ライン引き」「テント設営」「ポスター設置」「チラシ作り」「プログラム作り」の5つで、各1名を担当させようと思っている。生徒01から03までは男子で力仕事が得意で、生徒04と05は女子でデスクワークが得意である。以前にも同様の仕事を頼んだことがあり、表5-1はその時の所要時間である。誰にどの仕事を割り振ったら早く片付くだろうか。

表5-1　各生徒の各仕事の所要時間

	ライン引き	テント設営	ポスター設置	チラシ作り	プログラム作り
生徒01	5	5	13	25	21
生徒02	9	7	17	29	19
生徒03	28	15	22	12	8
生徒04	27	19	29	11	7
生徒05	30	20	24	14	9

（単位：分）

【直感的解】

　「ライン引き」「テント設営」「ポスター設置」はいずれも生徒01が速く、女子の中でも生徒04は「チラシ作り」と「プログラム作り」の両方で最も速いので、簡単には決まらない。そこで、とにかく少ない時間の組み合わせを選んでみる。最も少ない「5分」は「生徒01とライン引き」「生徒01とテント設営」であった。とりあえず「生徒01とライン引き」を決める。「生徒01」の行と、「ライン引き」の列を除いて、次に少ないのは「7分」である。これは「生徒02とテント設営」「生徒04とプログラム作り」が該当するが、とりあえず「生徒02とテント設営」を決める。そこで、「生徒02」の行と、「テント設営」の列を除いて、3番目に少ないのは「生徒03とプログラム作り」の8分なので、その組み合わせに決める。さらに、「生徒03」の行と「プログラム作り」の列を除いて、残った中で最も少ないのは「生徒04とチラシ作り」の11分なのでそのように決め、同時に最後

— 51 —

に残った「生徒05とポスター設置」も決める。
　表5-2は選んだ過程とその理由を示したもので、表5-3は選ばれた組み合わせである。最終的な合計所要時間は55分（＝5＋7＋8＋11＋24分）である。

表5-2　選ぶ過程と理由

順番	生徒	仕事	所要時間	理　由
1	生徒01	ライン引き	5分	いずれも5分の「生徒01とライン引き」と「生徒01とテント設営」のどちらか1つ
2	生徒02	テント設営	7分	いずれも7分の「生徒02とテント設営」と「生徒04とプログラム作り」のどちらか1つ
3	生徒03	プログラム作り	8分	「生徒03とプログラム作り」のみが8分
4	生徒04	チラシ作り	11分	「生徒04とチラシ作り」のみが11分
5	生徒05	ポスター設置	24分	最後に残った組み合わせ
		合計所要時間	55分	

表5-3　選ばれた組み合わせ

	ライン引き	テント設営	ポスター設置	チラシ作り	プログラム作り
生徒01	○　5	5	13	25	21
生徒02	9	○　7	17	29	19
生徒03	28	15	22	12	○　8
生徒04	27	19	29	○　11	7
生徒05	30	20	○　24	14	9

（単位:分）

5.2　ソルバーによる解

　上の問題にExcelのソルバーを使って最適解を求めてみる。

【数式化】

　この問題では生徒 i が仕事 j を「担当する」「しない」をバイナリ変数 x_{ij} として、「担当する」場合は1、「しない」場合は0とする。すると、1人の生徒はどれか1つの仕事を必ず担当し、また2つ以上は同時に担当できない。また、仕事からみると、仕事に従事する生徒は1人は必ず必要で、かつ2人以上はいらない。したがって、横方向（生徒）の制約条件は、

$$x_{11} + x_{12} + x_{13} + x_{14} + x_{15} = 1$$
$$x_{21} + x_{22} + x_{23} + x_{24} + x_{25} = 1$$
$$x_{31} + x_{32} + x_{33} + x_{34} + x_{35} = 1$$
$$x_{41} + x_{42} + x_{43} + x_{44} + x_{45} = 1$$
$$x_{51} + x_{52} + x_{53} + x_{54} + x_{55} = 1$$

となる。また、縦方向（仕事）の制約条件は、

$$x_{11} + x_{21} + x_{31} + x_{41} + x_{51} = 1$$
$$x_{12} + x_{22} + x_{32} + x_{42} + x_{52} = 1$$

$$x_{13} + x_{23} + x_{33} + x_{43} + x_{53} = 1$$
$$x_{14} + x_{24} + x_{34} + x_{44} + x_{54} = 1$$
$$x_{15} + x_{25} + x_{35} + x_{45} + x_{55} = 1$$

となる。これらの条件の下で、次の目的関数 f(x)

$$
\begin{aligned}
f(x) = \ & 5x_{11} + 5x_{12} + 13x_{13} + 25x_{14} + 21x_{15} \\
+ & 9x_{21} + 7x_{22} + 17x_{23} + 29x_{24} + 19x_{25} \\
+ & 28x_{31} + 15x_{32} + 22x_{33} + 12x_{34} + 8x_{35} \\
+ & 27x_{41} + 19x_{42} + 29x_{43} + 11x_{44} + 7x_{45} \\
+ & 30x_{51} + 20x_{52} + 24x_{53} + 14x_{54} + 9x_{55}
\end{aligned}
$$

を最小にする。また、全変数を「バイナリ」として制約条件の中に加える。

【シートの作成】

まず、図5-1のように必要な名称や数値をExcelのシートに入力しておく。

	A	B	C	D	E	F	G
1		ライン引き	テント設営	ポスター設置	チラシ作り	プログラム作り	
2	生徒01	5	5	13	25	21	
3	生徒02	9	7	17	29	19	
4	生徒03	28	15	22	12	8	
5	生徒04	27	19	29	11	7	
6	生徒05	30	20	24	14	9	
7							
8		ライン引き	テント設営	ポスター設置	チラシ作り	プログラム作り	計
9	生徒01	1	0	0	0	0	
10	生徒02	1	0	0	0	0	
11	生徒03	1	0	0	0	0	
12	生徒04	1	0	0	0	0	
13	生徒05	1	0	0	0	0	
14	計						
15							
16						目的関数	

図5-1　Excelの設定画面

初期値として「ライン引き」にすべて1を仮に入れておく。

【関数の入力】

入力する関数は表5-4に、そして関数入力後のExcelの画面を図5-2に示した。

表5-4　関数の入力

順序	セル番地	操作／入力内容	説　明
1	Ｂ１４	＝ＳＵＭ（Ｂ９：Ｂ１３）	仕事あたりの人数
2	Ｂ１４の関数をＣ１４からＦ１４までコピー		
3	Ｇ９	＝ＳＵＭ（Ｂ９：Ｆ９）	１人あたりの役職数
4	Ｇ９の関数をＧ１０からＧ１３までコピー		
5	Ｇ１６	＝ＳＵＭＰＲＯＤＵＣＴ（Ｂ２：Ｆ６，Ｂ９：Ｆ１３）	目的関数

	A	B	C	D	E	F	G
1		ライン引き	テント設営	ポスター設置	チラシ作り	プログラム作り	
2	生徒01	5	5	13	25	21	
3	生徒02	9	7	17	29	19	
4	生徒03	28	15	22	12	8	
5	生徒04	27	19	29	11	7	
6	生徒05	30	20	24	14	9	
7							
8		ライン引き	テント設営	ポスター設置	チラシ作り	プログラム作り	計
9	生徒01	1	0	0	0	0	1
10	生徒02	1	0	0	0	0	1
11	生徒03	1	0	0	0	0	1
12	生徒04	1	0	0	0	0	1
13	生徒05	1	0	0	0	0	1
14	計	5	0	0	0	0	
15							
16						目的関数	99

図5-2　Excelの関数入力後の画面

　ここで、Ｇ９からＧ１３、そしてＢ１４からＦ１４までをすべて１という条件のもとで、Ｇ１６の数値を最小にする。

【ソルバーの設定】

　ソルバーの設定内容は表5-5にまとめた。

表5-5 ソルバーの設定内容

ソルバーの設定内容				
目的セル	G16			
目標値	最小値			
変化させるセル	B9:F13			
制約条件	no.	セル参照	演算子	制約条件
	1	\$G\$9:\$G\$13	=	1
	2	\$B\$14:\$F\$14	=	1
	3	\$B\$9:\$F\$13	データ	バイナリ

【計算結果】

すべてのパラメタを入力後、「実行」をクリックすると、少し時間がかかるが、「最適解が見つかりました。制約条件はすべて満たされました。」と表示され、図5-3のような結果が得られる。

	A	B	C	D	E	F	G
1		ライン引き	テント設営	ポスター設置	チラシ作り	プログラム作り	
2	生徒01	5	5	13	25	21	
3	生徒02	9	7	17	29	19	
4	生徒03	28	15	22	12	8	
5	生徒04	27	19	29	11	7	
6	生徒05	30	20	24	14	9	
7							
8		ライン引き	テント設営	ポスター設置	チラシ作り	プログラム作り	計
9	生徒01	1	0	0	0	0	1
10	生徒02	0	1	0	0	0	1
11	生徒03	0	0	1	0	0	1
12	生徒04	0	0	0	1	0	1
13	生徒05	0	0	0	0	1	1
14	計	1	1	1	1	1	
15							
16						目的関数	54

図5-3 ソルバーの結果

先ほどのソルバーを使わない直感的な方法では、「生徒01とライン引き」「生徒02とテント設営」「生徒03とプログラム作り」「生徒04とチラシ作り」「生徒05とポスター設置」で合計所要時間は55分であったが、今回は「生徒03とポスター設置」と「生徒05とプログラム作り」となり、合計所要時間（目的関数）は54分であった。つまり、今回のソルバーを用いた解の方が1分短くすることができ、より最適な解であるといえる。

5.3 主観的適合度で役職を決める

時間など客観的な指標ではなく、「どのくらいうまくやってもらえそうか」という教員の主観的な適合度を数値化して、生徒の役職を決めることもできる。

【問題】

　新しい年度にあたり、幹部候補の5名に対して「主将（キャプテン）」「副主将（副キャプテン）」「主務（マネージャー）」「会計」「ＯＢ会担当」をできるだけ適材適所で決めたい。下の表は5名の生徒が「仮に各々の役職を任せたらどの程度うまくやってくれそうか」を数値で表現したものである。

表5-6　主観的適合度

	主将	副主将	主務	会計	ＯＢ会担当
生徒01	8	8	5	5	7
生徒02	7	5	8	5	6
生徒03	6	5	6	3	6
生徒04	6	6	6	6	7
生徒05	7	7	4	6	5

【直感的解】

　まず、主観的な適合度の最大値を探すと「生徒01と主将」「生徒01と副主将」「生徒02と主務」が最大値8を示しているので、とりあえず「生徒01と主将」と、「生徒02と主務」を決める。次に、「生徒01」「生徒02」の行と、「主将」「主務」の列を除いて、残った組み合わせの中で適合度の最大値は7なので、その組み合わせを探すと「生徒04とＯＢ会担当」「生徒05と副主将」になる。最後は残った「生徒03」を「会計」にする。

　表5-7は選んだ過程とその理由を示したもので、表5-8は選ばれた組み合わせである。最終的な主観的適合度の合計は33（＝8+8+7+7+3）である。

表5-7　選ぶ過程と理由

順番	生徒	役職	主観的適合度	理　由
1	生徒01	主将	8	いずれも主観的適合度8の「生徒01と主将」と「生徒01副主将」のどちらか１つ
	生徒02	主務		「生徒02と主務」が主観的適合度8
2	生徒04	ＯＢ会担当	7	「生徒04とＯＢ会担当」が主観的適合度7
	生徒05	副主将		「生徒05と副主将」が主観的適合度7
3	生徒03	会計	3	最後に残った組み合わせ
		合計	33	

表5-8　選ばれた組み合わせ

	主将	副主将	主務	会計	ＯＢ会担当
生徒01	○ 8	8	5	5	7
生徒02	7	5	○ 8	5	6
生徒03	6	5	6	○ 3	6
生徒04	6	6	6	6	○ 7
生徒05	7	○ 7	4	6	5

5.4 ソルバーによる解

先の問題にExcelのソルバーを使って最適解を求めてみる。

【数式化】

この問題でも生徒 i が役職 j を「担当する」「しない」をバイナリ変数 x_{ij} として、「担当する」場合は1、「しない」場合は0とする。すると、横方向（生徒）の制約条件は、

$$x_{11} + x_{12} + x_{13} + x_{14} + x_{15} = 1$$
$$x_{21} + x_{22} + x_{23} + x_{24} + x_{25} = 1$$
$$x_{31} + x_{32} + x_{33} + x_{34} + x_{35} = 1$$
$$x_{41} + x_{42} + x_{43} + x_{44} + x_{45} = 1$$
$$x_{51} + x_{52} + x_{53} + x_{54} + x_{55} = 1$$

となる。また、縦方向（役職）の制約条件は、

$$x_{11} + x_{21} + x_{31} + x_{41} + x_{51} = 1$$
$$x_{12} + x_{22} + x_{32} + x_{42} + x_{52} = 1$$
$$x_{13} + x_{23} + x_{33} + x_{43} + x_{53} = 1$$
$$x_{14} + x_{24} + x_{34} + x_{44} + x_{54} = 1$$
$$x_{15} + x_{25} + x_{35} + x_{45} + x_{55} = 1$$

となる。これらの条件の下で、次の目的関数 $f(x)$

$$\begin{aligned}f(x) =\ & 8x_{11} + 8x_{12} + 5x_{13} + 5x_{14} + 7x_{15} \\ & + 7x_{21} + 5x_{22} + 8x_{23} + 5x_{24} + 6x_{25} \\ & + 6x_{31} + 5x_{32} + 6x_{33} + 3x_{34} + 6x_{35} \\ & + 6x_{41} + 6x_{42} + 6x_{43} + 6x_{44} + 7x_{45} \\ & + 7x_{51} + 7x_{52} + 4x_{53} + 6x_{54} + 5x_{55}\end{aligned}$$

を今度は最大にする。また、全変数を「バイナリ」として制約条件の中に加えることも忘れてはならない。

【シートの作成】

まず、図5-4のように必要な名称や数値をExcelのシートに入力しておく。

	A	B	C	D	E	F	G
1		主将	副主将	主務	会計	OB会担当	
2	生徒01	8	8	5	5	7	
3	生徒02	7	5	8	5	6	
4	生徒03	6	5	6	3	6	
5	生徒04	6	6	6	6	7	
6	生徒05	7	7	4	6	5	
7							
8		主将	副主将	主務	会計	OB会担当	計
9	生徒01	1	0	0	0	0	
10	生徒02	1	0	0	0	0	
11	生徒03	1	0	0	0	0	
12	生徒04	1	0	0	0	0	
13	生徒05	1	0	0	0	0	
14	計						
15							
16						目的関数	

図5-4　Excelの設定画面

初期値として「主将」にすべて1を仮に入れておく。

【関数の入力】

入力する関数は表5-9に、そして関数入力後のExcelの画面を図5-5に示した。

表5-9　関数の入力

順序	セル番地	操作／入力内容	説明
1	B14	＝SUM(B9:B13)	役職あたりの人数
2	B14の関数をC14からF14までコピー		
3	G9	＝SUM(B9:F9)	1人あたりの役職数
4	G9の関数をG10からG13までコピー		
5	G16	＝SUMPRODUCT(B2:F6, B9:F13)	目的関数

5. 仕事の割り振り

	A	B	C	D	E	F	G
1		主将	副主将	主務	会計	OB会担当	
2	生徒01	8	8	5	5	7	
3	生徒02	7	5	8	5	6	
4	生徒03	6	5	6	3	6	
5	生徒04	6	6	6	6	7	
6	生徒05	7	7	4	6	5	
7							
8		主将	副主将	主務	会計	OB会担当	計
9	生徒01	1	0	0	0	0	1
10	生徒02	1	0	0	0	0	1
11	生徒03	1	0	0	0	0	1
12	生徒04	1	0	0	0	0	1
13	生徒05	1	0	0	0	0	1
14	計	5	0	0	0	0	
15							
16						目的関数	34

図5-5　Excelの関数入力後の画面

ここで、G9からG13、そしてB14からF14までをすべて1という条件のもとで、G16の数値を最大にする。

【ソルバーの設定】

ソルバーの設定内容は表5-10にまとめた。

表5-10　ソルバーの設定内容

ソルバーの設定内容					
目的セル	G16				
目標値	最大値				
変化させるセル	B9:F13				
制約条件	no.	セル参照	演算子	制約条件	
	1	$G$9:$G$13	=	1	
	2	$B$14:$F$14	=	1	
	3	$B$9:$F$13	データ	バイナリ	

【計算結果】

すべてのパラメタを入力後、「実行」をクリックすると、「最適解が見つかりました。制約条件はすべて満たされました。」と表示され、図5-6のような結果が得られる。

	A	B	C	D	E	F	G
1		主将	副主将	主務	会計	OB会担当	
2	生徒01	8	8	5	5	7	
3	生徒02	7	5	8	5	6	
4	生徒03	6	5	6	3	6	
5	生徒04	6	6	6	6	7	
6	生徒05	7	7	4	6	5	
7							
8		主将	副主将	主務	会計	OB会担当	計
9	生徒01	0	1	0	0	0	1
10	生徒02	0	0	1	0	0	1
11	生徒03	1	0	0	0	0	1
12	生徒04	0	0	0	0	1	1
13	生徒05	0	0	0	1	0	1
14	計	1	1	1	1	1	
15							
16						目的関数	35

図5-6　ソルバーの結果

先ほどのソルバーを使わない直感的な方法では、「生徒01と主将」「生徒02と主務」「生徒04とOB会担当」「生徒05と副主将」「生徒03と会計」で主観的適合度の合計は33であったが、今回は「生徒01と副主将」「生徒03と主将」「生徒05と会計」となり、主観的適合度の合計（目的関数）は35であった。つまり、今回のソルバーを用いた解の方が2だけ適合度を大きくすることができ、より最適な解であるといえる。

5.5　練習問題

【練習問題 5-1】

体育の時間を利用して体力測定を実施する。検者は各クラスの体育係が担当する。各項目の担当は測定法について習熟させるだけの時間がないので、今までに測定を担当した経験が多い者を当てたい。今まで測定を経験した回数は以下のとおりである。どのように担当を決めれば全体の経験回数が最も多くなるか検討せよ。

	50m走	遠投	走幅跳	背筋力	肺活量
生徒01	5	4	3	5	7
生徒02	2	4	2	4	0
生徒03	3	4	1	4	1
生徒04	0	3	4	3	2
生徒05	2	5	5	4	6

【練習問題 5-2】

体育科教員の全員である11名のうち、若い教員6名に学内の大会や行事の計画立案・運営を担当してもらうことになった。順番に投票すると最初の方の大会や行事に適任者が優先して決まってしまうので順番に関係なく同時に投票した。結果は以下のとおりである。教員01がすべての大会や行事で投票数が多くなってしまった。全体として投票数が最大になるような担当を決めよ。

5. 仕事の割り振り

	体力測定	バレーボール大会	体育祭	マラソン大会	水泳大会	集団行動
教員01	7	6	4	4	5	4
教員02	1	2	2	0	1	3
教員03	1	1	2	3	1	0
教員04	0	0	2	2	1	1
教員05	1	0	1	2	3	1
教員06	1	2	0	0	0	2

6

担当者を選んで割り振る

6.1 担当者を選ぶ

　第5章では、割り振られる仕事の数と担当する生徒の数が同じであり、必ず何かの仕事を担当する問題を扱った。この章では仕事の数よりも生徒の数が多い場合を扱う。つまり、「割り振る」だけでなく、「最適な生徒を選び、かつ割り振る」ことを考える。

【問題】

　体育祭前日に体育係の学生8名とその準備作業をしようと思っている。仕事は「ライン引き」「テント設営」「ポスター設置」「チラシ作り」「プログラム作り」の5つで各1名を担当させようと思っている。以前にも同様の仕事を頼んだことがあり、表6-1はその時の所要時間である。8名の中からどの5名を選び、誰にどの仕事を割り振ったら早く片付くだろうか。

表6-1　各生徒の各仕事の所要時間

	ライン引き	テント設営	ポスター設置	チラシ作り	プログラム作り
生徒01	5	5	13	25	21
生徒02	9	7	17	29	7
生徒03	28	15	22	16	8
生徒04	27	11	11	11	7
生徒05	30	20	24	14	9
生徒06	23	16	20	13	9
生徒07	19	17	11	19	12
生徒08	12	25	14	22	23

（単位:分）

【直感的解】

　最も速いのは「生徒01」が「ライン引き」「テント設営」を担当すると5分でしてしまうので、どちらかを担当させたい。「生徒02」が「テント設営」を担当すると「生徒01」よりも7分と速いので両方を考慮して、「生徒01」に「ライン引き」、「生徒02」に「テント設営」を頼むことにした。

「生徒01」「生徒02」の行と、「ライン引き」「テント設営」の列を除いて、最も速い時間を探すと「生徒04」が「プログラム作り」をする7分である。そこで、3番目に「生徒04」に「プログラム作り」を頼むことに決める。「生徒04」の行と「プログラム作り」の列を除いた残りの中で最も速いのは「生徒07」と「ポスター設営」の11分なので、その組み合わせに決め、同時に残った中で最も速い13分である「生徒06とチラシ作り」を決める。

表6-2は選んだ過程とその理由を示したもので、表6-3は選ばれた組み合わせである。最終的な合計所要時間は43分（＝5＋7＋11＋13＋7分）である。

表6-2　選ぶ過程と理由

順番	生徒	仕事	所要時間	理　由
1	生徒01	ライン引き	5分	いずれも5分の「生徒01とライン引き」と「生徒01とテント設営」のどちらか1つ
2	生徒02	テント設営	7分	いずれも7分の「生徒02」の「テント設営」と「プログラム作り」のどちらか1つ
3	生徒04	プログラム作り	7分	「生徒04とプログラム作り」のみが7分
4	生徒07	ポスター設置	11分	「生徒07とポスター設置」のみが11分
5	生徒06	チラシ作り	13分	最後に残った組み合わせ
		合計所要時間	43分	

表6-3　選ばれた組み合わせ

	ライン引き	テント設営	ポスター設置	チラシ作り	プログラム作り
生徒01	○ 5	5	13	25	21
生徒02	9	○ 7	17	29	7
生徒03	28	15	22	16	8
生徒04	27	11	11	11	○ 7
生徒05	30	20	24	14	9
生徒06	23	16	20	○ 13	9
生徒07	19	17	○ 11	19	12
生徒08	12	25	14	22	23

（単位：分）

6.2　ソルバーによる解

上の問題をExcelのソルバーを使って最適解を求めてみる。

【数式化】

この問題も、前章の問題同様に、生徒iが仕事jを「担当する」「しない」をバイナリ変数x_{ij}として、「担当する」場合は1、「しない」場合は0とする。仕事からみると、仕事に従事する生徒は1人は必ず必要で、かつ2人以上はいらない。1人の生徒は仕事をするか、あるいはしないかのどちらかで、バイナリ変数の制約の中では「1以下」に相当する。つまり、横方向（生徒）の制約条件は、

$$x_{11} + x_{12} + x_{13} + x_{14} + x_{15} \leq 1$$
$$x_{21} + x_{22} + x_{23} + x_{24} + x_{25} \leq 1$$
$$x_{31} + x_{32} + x_{33} + x_{34} + x_{35} \leq 1$$

$$x_{41} + x_{42} + x_{43} + x_{44} + x_{45} \leq 1$$
$$x_{51} + x_{52} + x_{53} + x_{54} + x_{55} \leq 1$$
$$x_{61} + x_{62} + x_{63} + x_{64} + x_{65} \leq 1$$
$$x_{71} + x_{72} + x_{73} + x_{74} + x_{75} \leq 1$$
$$x_{81} + x_{82} + x_{83} + x_{84} + x_{85} \leq 1$$

となる。また、縦方向（仕事）の制約条件は前章の問題同様に、

$$x_{11} + x_{21} + x_{31} + x_{41} + x_{51} + x_{61} + x_{71} + x_{81} = 1$$
$$x_{12} + x_{22} + x_{32} + x_{42} + x_{52} + x_{62} + x_{72} + x_{82} = 1$$
$$x_{13} + x_{23} + x_{33} + x_{43} + x_{53} + x_{63} + x_{73} + x_{83} = 1$$
$$x_{14} + x_{24} + x_{34} + x_{44} + x_{54} + x_{64} + x_{74} + x_{84} = 1$$
$$x_{15} + x_{25} + x_{35} + x_{45} + x_{55} + x_{65} + x_{75} + x_{85} = 1$$

となる。これらの条件の下で、次の目的関数 f(x)

$$\begin{aligned}
f(x) = &\ 5 x_{11} + 5 x_{12} + 13 x_{13} + 25 x_{14} + 21 x_{15} \\
&+ 9 x_{21} + 7 x_{22} + 17 x_{23} + 29 x_{24} + 7 x_{25} \\
&+ 28 x_{31} + 15 x_{32} + 22 x_{33} + 16 x_{34} + 8 x_{35} \\
&+ 27 x_{41} + 11 x_{42} + 11 x_{43} + 11 x_{44} + 7 x_{45} \\
&+ 30 x_{51} + 20 x_{52} + 24 x_{53} + 14 x_{54} + 9 x_{55} \\
&+ 23 x_{61} + 16 x_{62} + 20 x_{63} + 13 x_{64} + 9 x_{65} \\
&+ 19 x_{71} + 17 x_{72} + 11 x_{73} + 19 x_{74} + 12 x_{75} \\
&+ 12 x_{81} + 25 x_{82} + 14 x_{83} + 22 x_{84} + 23 x_{85}
\end{aligned}$$

を最小にする。また、全変数を「バイナリ」として制約条件の中に加える。

【シートの作成】

まず、図6-1のように必要な名称や数値をExcelのシートに入力しておく。

	A	B	C	D	E	F	G
1		ライン引き	テント設営	ポスター設置	チラシ作り	プログラム作り	
2	生徒01	5	5	13	25	21	
3	生徒02	9	7	17	29	7	
4	生徒03	28	15	22	16	8	
5	生徒04	27	11	11	11	7	
6	生徒05	30	20	24	14	9	
7	生徒06	23	16	20	13	9	
8	生徒07	19	17	11	19	12	
9	生徒08	12	25	14	22	23	
10							
11		ライン引き	テント設営	ポスター設置	チラシ作り	プログラム作り	計
12	生徒01	1	1	1	1	1	
13	生徒02	1	1	1	1	1	
14	生徒03	1	1	1	1	1	
15	生徒04	1	1	1	1	1	
16	生徒05	1	1	1	1	1	
17	生徒06	1	1	1	1	1	
18	生徒07	1	1	1	1	1	
19	生徒08	1	1	1	1	1	
20	計						
21							
22						目的関数	

図6-1　Excelの設定画面

初期値としてすべてに1を仮に入れておく。

【関数の入力】

入力する関数は表6-4に、そして関数入力後のExcelの画面を図6-2に示した。

表6-4 関数の入力

順序	セル番地	操作／入力内容	説 明
1	B20	＝SUM（B12：B19）	仕事あたりの人数
2	B20の関数をC20からF20までコピー		
3	G12	＝SUM（B12：F12）	一人あたりの役職数
4	G12の関数をG13からG19までコピー		
5	G22	＝SUMPRODUCT（B2：F9，B12：F19）	目的関数

	A	B	C	D	E	F	G
1		ライン引き	テント設営	ポスター設置	チラシ作り	プログラム作り	
2	生徒01	5	5	13	25	21	
3	生徒02	9	7	17	29	7	
4	生徒03	28	15	22	16	8	
5	生徒04	27	11	11	11	7	
6	生徒05	30	20	24	14	9	
7	生徒06	23	16	20	13	9	
8	生徒07	19	17	11	19	12	
9	生徒08	12	25	14	22	23	
10							
11		ライン引き	テント設営	ポスター設置	チラシ作り	プログラム作り	計
12	生徒01	1	1	1	1	1	5
13	生徒02	1	1	1	1	1	5
14	生徒03	1	1	1	1	1	5
15	生徒04	1	1	1	1	1	5
16	生徒05	1	1	1	1	1	5
17	生徒06	1	1	1	1	1	5
18	生徒07	1	1	1	1	1	5
19	生徒08	1	1	1	1	1	5
20	計	8	8	8	8	8	
21							
22						目的関数	646

図6-2 Excelの関数入力後の画面

ここで、G12からG19を1以下、そしてB20からF20までをすべて1という条件のもとで、G22の数値を最小にする。

【ソルバーの設定】

ソルバーの設定内容は表6-5にまとめた。

表6-5 ソルバーの設定内容

ソルバーの設定内容				
目的セル	G22			
目標値	最小値			
変化させるセル	B12:F19			
制約条件	no.	セル参照	演算子	制約条件
	1	$G$12:$G$19	≦	1
	2	$B$20:$F$20	=	1
	3	$B$12:$F$19	データ	バイナリ

【計算結果】

　すべてのパラメタを入力後、「実行」をクリックすると少し時間がかかるが、「最適解が見つかりました。制約条件はすべて満たされました。」と表示され、図6-3のような結果が得られる。

	A	B	C	D	E	F	G
1		ライン引き	テント設営	ポスター設置	チラシ作り	プログラム作り	
2	生徒01	5	5	13	25	21	
3	生徒02	9	7	17	29	7	
4	生徒03	28	15	22	16	8	
5	生徒04	27	11	11	11	7	
6	生徒05	30	20	24	14	9	
7	生徒06	23	16	20	13	9	
8	生徒07	19	17	11	19	12	
9	生徒08	12	25	14	22	23	
10							
11		ライン引き	テント設営	ポスター設置	チラシ作り	プログラム作り	計
12	生徒01	1	0	0	0	0	1
13	生徒02	0	1	0	0	0	1
14	生徒03	0	0	0	0	1	1
15	生徒04	0	0	0	1	0	1
16	生徒05	0	0	0	0	0	0
17	生徒06	0	0	0	0	0	0
18	生徒07	0	0	1	0	0	1
19	生徒08	0	0	0	0	0	0
20	計	1	1	1	1	1	
21							
22						目的関数	42

図6-3 ソルバーの結果

　先ほどのソルバーを使わない直感的な方法では、「生徒01とライン引き」「生徒02とテント設営」「生徒07とポスター設置」「生徒06とチラシ作り」「生徒04とプログラム作り」で合計所要時間は43分であったが、今回は「生徒04とチラシ作り」「生徒03とプログラム作り」となり、合計所要時間（目的関数）は42分であった。つまり、今回のソルバーを用いた解の方が1分短くすることができ、より最適な解であるといえる。

6.3 業者の選定

【問題】

このほど体育館と隣接する体育教官室関連の施設の修理をすることになり、業者に委託することにした。改修する場所は「体育館の玄関」「体育館入り口の花壇」「体育館の床の一部」「水飲み場」「体育教官室」の5カ所である。ただし、改修は同時にするので、業者は1つの場所の改修しか担当できない。表6-6は業者からの見積もり表である。どの業者にどの場所の改修を委託したら安い経費でできるか。

表6-6 業者の業務別見積もり

	玄関	花壇	体育館の床	水飲み場	体育教官室
業者01	25	10	35	4	24
業者02	24	10	34	5	26
業者03	21	9	37	5	25
業者04	19	9	38	5	28
業者05	16	8	29	5	23
業者06	15	3	29	7	25
業者07	16	9	30	5	20
業者08	17	3	31	5	30
業者09	14	3	26	6	22

(単位：万円)

【直感的解】

まず、比較的金額の大きい「玄関」「体育館の床」「体育教官室」を見てみることにする。「玄関」では「業者09」が14万円と一番安いので決める。「業者09」の行を除いて、「体育館の床」で安いのは29万円の「業者05」と「業者06」である。「体育教官室」のことも考慮して、ここでは「業者06」にする。「業者06」と「業者09」の行を除いて、体育教官室で一番安いのは「業者07」なので、これに決める。すでに決まっている3つの業者を除いた行の中で、「花壇」で一番安いのは「業者08」の3万円である。最後に、残った行で安い「水飲み場」は「業者01」の4万円なのでこれに決める。

表6-7は選んだ過程とその理由を示したもので、表6-8は選ばれた組み合わせである。最終的な総予算は70（＝14+3+29+4+20）である。

表6-7 選ぶ過程と理由

順番	生徒	場所	経費	理 由
1	業者09	玄関	14	「玄関と業者09」が14万円と一番安い
2	業者06	体育館の床	29	29万円と安い「業者05」と「業者06」の中の1つ
3	業者07	体育教官室	20	体育教官室の中で20万円と一番安い
4	業者08	花壇	3	花壇の中で一番安い
5	業者01	水飲み場	4	最後に残った組み合わせ
		合計	70	

表6-8 選ばれた組み合わせ

	玄関	花壇	体育館の床	水飲み場	体育教官室
業者01	25	10	35	○4	24
業者02	24	10	34	5	26
業者03	21	9	37	5	25
業者04	19	9	38	5	28
業者05	16	8	29	5	23
業者06	15	3	○29	7	25
業者07	16	9	30	5	○20
業者08	17	○3	31	5	30
業者09	○14	3	26	6	22

(単位:万円)

6.4 ソルバーによる解

上の問題をExcelのソルバーを使って最適解を求めてみる。

【数式化】

この問題でも業者 i が改修場所 j を「担当する」「しない」をバイナリ変数 x_{ij} として、「担当する」場合は1、「しない」場合は0とする。すると、横方向(業者)の制約条件は、

$$x_{11} + x_{12} + x_{13} + x_{14} + x_{15} \leq 1$$
$$x_{21} + x_{22} + x_{23} + x_{24} + x_{25} \leq 1$$
$$x_{31} + x_{32} + x_{33} + x_{34} + x_{35} \leq 1$$
$$x_{41} + x_{42} + x_{43} + x_{44} + x_{45} \leq 1$$
$$x_{51} + x_{52} + x_{53} + x_{54} + x_{55} \leq 1$$
$$x_{61} + x_{62} + x_{63} + x_{64} + x_{65} \leq 1$$
$$x_{71} + x_{72} + x_{73} + x_{74} + x_{75} \leq 1$$
$$x_{81} + x_{82} + x_{83} + x_{84} + x_{85} \leq 1$$
$$x_{91} + x_{92} + x_{93} + x_{94} + x_{95} \leq 1$$

となる。また、縦方向(改修場所)の制約条件は、

$$x_{11} + x_{21} + x_{31} + x_{41} + x_{51} + x_{61} + x_{71} + x_{81} + x_{91} = 1$$
$$x_{12} + x_{22} + x_{32} + x_{42} + x_{52} + x_{62} + x_{72} + x_{82} + x_{92} = 1$$
$$x_{13} + x_{23} + x_{33} + x_{43} + x_{53} + x_{63} + x_{73} + x_{83} + x_{93} = 1$$
$$x_{14} + x_{24} + x_{34} + x_{44} + x_{54} + x_{64} + x_{74} + x_{84} + x_{94} = 1$$
$$x_{15} + x_{25} + x_{35} + x_{45} + x_{55} + x_{65} + x_{75} + x_{85} + x_{95} = 1$$

となる。これらの条件の下で、次の目的関数 f(x)

$$\begin{aligned}
f(x) = &\ 25x_{11} + 10x_{12} + 35x_{13} + 4x_{14} + 24x_{15} \\
&+ 24x_{21} + 10x_{22} + 34x_{23} + 5x_{24} + 26x_{25} \\
&+ 21x_{31} + 9x_{32} + 37x_{33} + 5x_{34} + 25x_{35} \\
&+ 19x_{41} + 9x_{42} + 38x_{43} + 5x_{44} + 28x_{45} \\
&+ 16x_{51} + 8x_{52} + 29x_{53} + 5x_{54} + 23x_{55} \\
&+ 15x_{61} + 3x_{62} + 29x_{63} + 7x_{64} + 25x_{65} \\
&+ 16x_{71} + 9x_{72} + 30x_{73} + 5x_{74} + 20x_{75} \\
&+ 17x_{81} + 3x_{82} + 31x_{83} + 5x_{84} + 30x_{85} \\
&+ 14x_{91} + 3x_{92} + 26x_{93} + 6x_{94} + 22x_{95}
\end{aligned}$$

を最小にする。また、全変数を制約条件として「バイナリ」にする。

【シートの作成】

まず、図6-4のように必要な名称や数値をExcelのシートに入力しておく。

	A	B	C	D	E	F	G
1		玄関	花壇	体育館の床	水飲み場	体育教官室	
2	業者01	25	10	35	4	24	
3	業者02	24	10	34	5	26	
4	業者03	21	9	37	5	25	
5	業者04	19	9	38	5	28	
6	業者05	16	8	29	5	23	
7	業者06	15	3	29	7	25	
8	業者07	16	9	30	5	20	
9	業者08	17	3	31	5	30	
10	業者09	14	3	26	6	22	
11							
12		玄関	花壇	体育館の床	水飲み場	体育教官室	計
13	業者01	1	1	1	1	1	
14	業者02	1	1	1	1	1	
15	業者03	1	1	1	1	1	
16	業者04	1	1	1	1	1	
17	業者05	1	1	1	1	1	
18	業者06	1	1	1	1	1	
19	業者07	1	1	1	1	1	
20	業者08	1	1	1	1	1	
21	業者09	1	1	1	1	1	
22	計						
23							
24						目的関数	

図6-4　Excelの設定画面

初期値としてすべてに1を入れておく。

【関数の入力】

入力する関数は表6-9に、そして関数入力後のExcelの画面を図6-5に示した。

表6-9　関数の入力

順序	セル番地	操作／入力内容	説 明
1	Ｂ２２	＝ＳＵＭ（Ｂ１３：Ｂ２１）	改修場所あたりの業者数
2	Ｂ２２の関数をＣ２２からＦ２２までコピー		
3	Ｇ１３	＝ＳＵＭ（Ｂ１３：Ｆ１３）	業者あたりの改修場所数
4	Ｇ１３の関数をＧ１４からＧ２１までコピー		
5	Ｇ２４	＝ＳＵＭＰＲＯＤＵＣＴ（Ｂ２：Ｆ１０，Ｂ１３：Ｆ２１）	目的関数

6. 担当者を選んで割り振る

	A	B	C	D	E	F	G
1		玄関	花壇	体育館の床	水飲み場	体育教官室	
2	業者01	25	10	35	4	24	
3	業者02	24	10	34	5	26	
4	業者03	21	9	37	5	25	
5	業者04	19	9	38	5	28	
6	業者05	16	8	29	5	23	
7	業者06	15	3	29	7	25	
8	業者07	16	9	30	5	20	
9	業者08	17	3	31	5	30	
10	業者09	14	3	26	6	22	
11							
12		玄関	花壇	体育館の床	水飲み場	体育教官室	計
13	業者01	1	1	1	1	1	5
14	業者02	1	1	1	1	1	5
15	業者03	1	1	1	1	1	5
16	業者04	1	1	1	1	1	5
17	業者05	1	1	1	1	1	5
18	業者06	1	1	1	1	1	5
19	業者07	1	1	1	1	1	5
20	業者08	1	1	1	1	1	5
21	業者09	1	1	1	1	1	5
22	計	9	9	9	9	9	
23							
24						目的関数	790

図6-5　Excelの関数入力後の画面

ここで、G13からG21を1以下、そしてB22からF22までをすべて1という条件のもとで、G24の数値を最小にする。

【ソルバーの設定】

ソルバーの設定内容は表6-10にまとめた。

表6-10　ソルバーの設定内容

ソルバーの設定内容			
目的セル	G24		
目標値	最小値		
変化させるセル	B13:F21		
制約条件	no.	セル参照	演算子	制約条件
	1	$G$13:$G$21	≦	1
	2	$B$22:$F$22	＝	1
	3	$B$13:$F$21	データ	バイナリ

【計算結果】

すべてのパラメタを入力後、「実行」をクリックすると、「最適解が見つかりました。制約条件はすべて満たされました。」と表示され、図6-6のような結果が得られる。

	A	B	C	D	E	F	G
1		玄関	花壇	体育館の床	水飲み場	体育教官室	
2	業者01	25	10	35	4	24	
3	業者02	24	10	34	5	26	
4	業者03	21	9	37	5	25	
5	業者04	19	9	38	5	28	
6	業者05	16	8	29	5	23	
7	業者06	15	3	29	7	25	
8	業者07	16	9	30	5	20	
9	業者08	17	3	31	5	30	
10	業者09	14	3	26	6	22	
11							
12		玄関	花壇	体育館の床	水飲み場	体育教官室	計
13	業者01	0	0	0	1	0	1
14	業者02	0	0	0	0	0	0
15	業者03	0	0	0	0	0	0
16	業者04	0	0	0	0	0	0
17	業者05	0	0	0	0	0	0
18	業者06	1	0	0	0	0	1
19	業者07	0	0	0	0	1	1
20	業者08	0	1	0	0	0	1
21	業者09	0	0	1	0	0	1
22	計	1	1	1	1	1	
23							
24						目的関数	68

図6-6　ソルバーの結果

先ほどのソルバーを使わない直感的な方法では、「業者09と玄関」「業者06と体育館の床」「業者07と体育教官室」「業者08と花壇」「業者01と水飲み場」となり、経費は70万円であったが、今回は「業者06」は「玄関」、そして「業者09」が「体育館の床」となり、経費（目的関数）は68万円となった。つまり、今回のソルバーを用いた解の方が2万円だけ経費を安くすることができ、より最適な解であるといえる。

6.5　練習問題

【練習問題 6-1】

体育の時間を利用して体力測定を実施する。検者には各クラスの体育係7名が担当する。項目は「５０ｍ走」「遠投」「走幅跳」「背筋力」「肺活量」の5項目で担当はそれぞれ1名でよい。各項目の担当は今までに測定を担当した経験が多い者を当てたい。体育係7名の今まで測定を経験した回数は以下のとおりである。どの5名を選んで担当を決めれば全体の経験回数が最も多くなるか検討せよ。

	50m走	遠投	走幅跳	背筋力	肺活量
生徒01	4	3	3	2	3
生徒02	2	3	2	0	2
生徒03	3	2	1	1	1
生徒04	0	3	5	3	2
生徒05	1	2	2	4	1
生徒06	1	1	0	1	2
生徒07	2	3	1	2	3

【練習問題 6-2】

体育科教員全員11名の中から6名を選んで6つの学内の大会や行事の計画立案・運営を担当してもらうことになった。順番に投票すると最初の方の大会や行事に適任者が優先して決まってしまうので順番に関係なく同時に投票した。結果は以下のとおりである。全体として投票数が最大になるような最適な6名を選び、担当を決めよ。

	体力測定	バレーボール大会	体育祭	マラソン大会	水泳大会	集団行動
教員01	3	2	4	2	0	2
教員02	0	2	2	0	1	1
教員03	1	1	2	1	1	0
教員04	0	0	2	2	1	1
教員05	1	0	1	2	3	2
教員06	2	1	0	0	0	0
教員07	0	2	0	2	1	0
教員08	0	0	0	2	0	0
教員09	2	0	0	0	0	3
教員10	1	1	0	0	2	2
教員11	1	2	0	0	2	0

7 団体戦のオーダー

7.1 団体戦のオーダーを考える

　柔道や剣道などの団体戦はお互い自由に選手の順番（オーダー）をエントリーして勝ち数を競う「点取り方式」で行われる。互いの選手がわかっており、各々の選手同士の対戦結果を予想したら表7-1のようになったとしよう。

表7-1　自分のチームと相手チームの個々の選手間の勝敗の予想

		相手チーム				
		選手Ⅰ	選手Ⅱ	選手Ⅲ	選手Ⅳ	選手Ⅴ
自分のチーム	選手A	勝つ	勝つ	引き分け	負ける	負ける
	選手B	負ける	引き分け	勝つ	引き分け	負ける
	選手C	勝つ	勝つ	負ける	勝つ	負ける
	選手D	負ける	引き分け	勝つ	勝つ	勝つ
	選手E	引き分け	勝つ	勝つ	負ける	負ける

　その時、自分のチームの選手Aと相手チームの選手Ⅳ、選手Bと選手Ⅱ、選手Cと選手Ⅲ、選手Dと選手Ⅰ、選手Eと選手Ⅴが対戦する組み合わせになれば、最悪の状態で、結果は０－４で負ける。

表7-2 最悪の組み合わせ

		相手チーム				
		選手Ⅰ	選手Ⅱ	選手Ⅲ	選手Ⅳ	選手Ⅴ
自分のチーム	選手A				負ける	
	選手B		引き分け			
	選手C			負ける		
	選手D	負ける				
	選手E					負ける

しかし、運良く表7-3のような組み合わせであれば5-0で勝てることになる。

表7-3 最適な組み合わせ

		相手チーム				
		選手Ⅰ	選手Ⅱ	選手Ⅲ	選手Ⅳ	選手Ⅴ
自分のチーム	選手A	勝つ				
	選手B			勝つ		
	選手C				勝つ	
	選手D					勝つ
	選手E		勝つ			

　このように、同じメンバー同士の戦いであっても、組み合わせ、つまりオーダーによって団体戦の結果が大きく変わる場合がある。現実には、事前に相手チームのオーダーがわかる場合は多くはないが、対戦までの情報を収集して、相手監督の「くせ」「方針」などから予想できるとしよう。そして、「こちらのエースは、勝てる程度のほどほど強い選手と当てる」「弱い選手はできるだけ引き分けできる選手と当てる」「相手チームのエースにはこちらの最も弱い選手を当てる」などを考えれば、有効に勝ち点を得ることができる。例えば、柔道などの場合は、選手間には「体重の重い選手は苦手」「左利きの相手は苦手」「寝技が得意なので、強い相手としても引き分けるのが上手」「腰が重いので引き分けるのが上手」などの得手不得手があるので、オーダーが勝ち負けの重要な要因となる場合もかなりある。

7.2　ソルバーによる解

　上の問題にExcelのソルバーを使って最適解を求めてみる。

7. 団体戦のオーダー

【問題とデータの作表】

　表7-4は、予想される相手チームの選手と自分のチームの選手が対戦した場合の結果を予想したものである。「必ず勝てる」場合を「＋2点」、「勝てるかもしれない」場合を「＋1点」、「引き分け」を「0点」、「負けるかもしれない」場合を「－1点」、「絶対負ける」場合を「－2点」としてある。どのような組み合わせになるようにオーダーを決めたらよいだろうか。

表7-4　自分のチームと相手チームの個々の選手間の勝敗の予想

	相手A	相手B	相手C	相手D	相手E
自分01	2	2	1	1	0
自分02	2	2	1	0	0
自分03	1	1	0	-1	-2
自分04	1	0	-1	-2	-2
自分05	0	-1	-2	-1	-2

　このデータの場合、自分の選手01は平均1.2、選手02は1.0、選手03は-0.2、選手04は-0.8、選手05は-1.2となり、上から順に強い選手で、徐々に弱くなる。また、全体としては平均は0.0で、基本的に実力の差はなく、本来無策にオーダーが組まれれば勝ち点が同じになり、団体戦の結果は引き分けになるはずである。

【数式化】

　この問題は基本的には第5章の「仕事の割り振り」と同じように考えることができる。自分のチームの選手 i が相手チームの選手 j と「対戦する」「しない」をバイナリ変数 x_{ij} として、「対戦する」場合は1、「しない」場合は0とする。すると、1人の自分のチームの選手は相手チームの選手のだれかと必ず対戦し、また2人以上とは対戦しない。逆に相手チームから見ると、相手チームの選手は自分のチームのだれかと必ず対戦し、また2人以上とは対戦しない。したがって、横方向（自分のチームの選手の対戦数）の制約条件は、

$$x_{11} + x_{12} + x_{13} + x_{14} + x_{15} = 1$$
$$x_{21} + x_{22} + x_{23} + x_{24} + x_{25} = 1$$
$$x_{31} + x_{32} + x_{33} + x_{34} + x_{35} = 1$$
$$x_{41} + x_{42} + x_{43} + x_{44} + x_{45} = 1$$
$$x_{51} + x_{52} + x_{53} + x_{54} + x_{55} = 1$$

となる。また、縦方向（相手チームの選手の対戦数）の制約条件は、

$$x_{11} + x_{21} + x_{31} + x_{41} + x_{51} = 1$$
$$x_{12} + x_{22} + x_{32} + x_{42} + x_{52} = 1$$
$$x_{13} + x_{23} + x_{33} + x_{43} + x_{53} = 1$$
$$x_{14} + x_{24} + x_{34} + x_{44} + x_{54} = 1$$
$$x_{15} + x_{25} + x_{35} + x_{45} + x_{55} = 1$$

となる。これらの条件の下で、次の目的関数 $f(x)$

$$\begin{aligned}
f(x) = & \\
& 2x_{11} + 2x_{12} + 1x_{13} + 1x_{14} + 0x_{15} \\
+ & 2x_{21} + 2x_{22} + 1x_{23} + 0x_{24} + 0x_{25} \\
+ & 1x_{31} + 1x_{32} + 0x_{33} - 1x_{34} - 2x_{35} \\
+ & 1x_{41} + 0x_{42} - 1x_{43} - 2x_{44} - 2x_{45} \\
+ & 0x_{51} - 1x_{52} - 2x_{53} - 1x_{54} - 2x_{55} \quad \rightarrow \quad 最大化
\end{aligned}$$

を最大にする。また、全変数を「バイナリ」として制約条件の中に加える。

【シートの作成】

まず、図7-1のように必要な名称や数値をExcelのシートに入力しておく。

	A	B	C	D	E	F	G
1		相手A	相手B	相手C	相手D	相手E	
2	自分01	2	2	1	1	0	
3	自分02	2	2	1	0	0	
4	自分03	1	1	0	-1	-2	
5	自分04	1	0	-1	-2	-2	
6	自分05	0	-1	-2	-1	-2	
7							
8		相手A	相手B	相手C	相手D	相手E	計
9	自分01	1	1	1	1	1	
10	自分02	1	1	1	1	1	
11	自分03	1	1	1	1	1	
12	自分04	1	1	1	1	1	
13	自分05	1	1	1	1	1	
14	計						
15							
16						目的関数	

図7-1　Excelの設定画面

初期値としてすべてに1を入れておく。

【関数の入力】

入力する関数は表7-5に、そして関数入力後のExcelの画面を図7-2に示した。

表7-5　関数の入力

順序	セル番地	操作／入力内容	説明
1	B14	＝SUM（B9：B13）	相手チームの選手の対戦数
2	B14の関数をC14からF14までコピー		
3	G9	＝SUM（B9：F9）	自分のチーム選手の対戦数
4	G9の関数をG10からG13までコピー		
5	G16	＝SUMPRODUCT(B2:F6, B9:F13)	目的関数

7. 団体戦のオーダー

	A	B	C	D	E	F	G
1		相手A	相手B	相手C	相手D	相手E	
2	自分01	2	2	1	1	0	
3	自分02	2	2	1	0	0	
4	自分03	1	1	0	-1	-2	
5	自分04	1	0	-1	-2	-2	
6	自分05	0	-1	-2	-1	-2	
7							
8		相手A	相手B	相手C	相手D	相手E	計
9	自分01	1	1	1	1	1	5
10	自分02	1	1	1	1	1	5
11	自分03	1	1	1	1	1	5
12	自分04	1	1	1	1	1	5
13	自分05	1	1	1	1	1	5
14	計	5	5	5	5	5	
15							
16						目的関数	0

図7-2　Excelの関数入力後の画面

ここで、G9からG13、そしてB14からF14までがすべて1という条件のもとで、G16の数値を最大にする。

【ソルバーの設定】

ソルバーの設定内容は表7-6にまとめた。

表7-6　ソルバーの設定内容

ソルバーの設定内容				
目的セル	G16			
目標値	最大値			
変化させるセル	B9：F13			
制約条件	no.	セル参照	演算子	制約条件
	1	\$G\$9：\$G\$13	=	1
	2	\$B\$14：\$F\$14	=	1
	3	\$B\$9：\$F\$13	データ	バイナリ

【計算結果】

すべてのパラメタを入力後、「実行」をクリックすると、少し時間がかかるが、「最適解が見つかりました。制約条件はすべて満たされました。」と表示され、図7-3のような結果が得られる。

	A	B	C	D	E	F	G
1		相手A	相手B	相手C	相手D	相手E	
2	自分01	2	2	1	1	0	
3	自分02	2	2	1	0	0	
4	自分03	1	1	0	-1	-2	
5	自分04	1	0	-1	-2	-2	
6	自分05	0	-1	-2	-1	-2	
7							
8		相手A	相手B	相手C	相手D	相手E	計
9	自分01	0	1	0	0	0	1
10	自分02	0	0	0	0	1	1
11	自分03	0	0	1	0	0	1
12	自分04	1	0	0	0	0	1
13	自分05	0	0	0	1	0	1
14	計	1	1	1	1	1	
15							
16						目的関数	2

図7-3　ソルバーの結果

　結果、「自分04」を「相手A」にあてれば「勝てるかもしれない」、「自分01」を「相手B」にあてれば「必ず勝てる」ことなる。ただし、「自分05」は「相手D」と対戦せざるを得ず「負けるかもしれない」ことなる。つまり、2-1で勝てることになる。

　さて、図7-4は、目的関数を「最大」ではなく、「最小」にした場合のソルバーの結果を示した。

	A	B	C	D	E	F	G
1		相手A	相手B	相手C	相手D	相手E	
2	自分01	2	2	1	1	0	
3	自分02	2	2	1	0	0	
4	自分03	1	1	0	-1	-2	
5	自分04	1	0	-1	-2	-2	
6	自分05	0	-1	-2	-1	-2	
7							
8		相手A	相手B	相手C	相手D	相手E	計
9	自分01	0	1	0	0	0	1
10	自分02	1	0	0	0	0	1
11	自分03	0	0	0	0	1	1
12	自分04	0	0	0	1	0	1
13	自分05	0	0	1	0	0	1
14	計	1	1	1	1	1	
15							
16						目的関数	-2

図7-4　目的関数を「最小」にした結果

　目的関数が「最小」というのは、「最悪の組み合わせ」の場合に相当する。目的関数は「-2」で、「自分01と相手B」「自分02と相手A」で「必ず勝てる」が、その他の組み合わせではすべて「必ず負ける」ことになり、結果は2-3で負けることになる。上のような事例では、オーダー（組み合わせ）で団体戦の勝敗が分かれることになる。

　また、上の事例のように、数値が5段階とあまり細やかでない場合は、解は1つではなく複数ある場合がある。そのような場合はいろいろな初期値を試みると別の解を得ることもできる。

7.3　補欠も含めてオーダーを考える

上の問題は正選手のみで最適化を考えたが、今度は補欠選手も含めて考える。これは第6章「担当者を選んで割り振る」場合に相当する。

【問題とデータの作表】

表7-7は、予想される相手チームの選手と補欠を含んだ自分のチームの選手が対戦した場合の結果を予想したものである。先ほどと同様に「必ず勝てる」場合を「＋2点」、「勝てるかもしれない」場合を「＋1点」、「引き分け」を「0点」、「負けるかもしれない」場合を「－1点」、「絶対負ける」場合を「－2点」としてある。どのようにオーダーを決めたらよいだろうか。

表7-7　補欠を含んだ自分のチームと相手チームの個々の選手間の勝敗の予想

	相手A	相手B	相手C	相手D	相手E
自分01	2	2	1	1	0
自分02	2	2	1	0	0
自分03	1	1	0	-1	-2
自分04	1	0	-1	-2	-2
自分05	0	-1	-2	-1	-2
補欠01	0	-1	-2	-2	-2
補欠02	-1	-1	-1	-1	-1

【数式化】

先ほどと同様に、自分のチームの選手 i が相手チームの選手 j と「対戦する」「しない」をバイナリ変数 x_{ij} とする。相手チームから見ると、相手チームの選手は自分のチームのだれかと必ず対戦し、また2人以上とは対戦しないので、縦方向（相手チームの選手の対戦数）の制約条件は、

$$x_{11} + x_{21} + x_{31} + x_{41} + x_{51} + x_{61} + x_{71} = 1$$
$$x_{12} + x_{22} + x_{32} + x_{42} + x_{52} + x_{62} + x_{72} = 1$$
$$x_{13} + x_{23} + x_{33} + x_{43} + x_{53} + x_{63} + x_{73} = 1$$
$$x_{14} + x_{24} + x_{34} + x_{44} + x_{54} + x_{64} + x_{74} = 1$$
$$x_{15} + x_{25} + x_{35} + x_{45} + x_{55} + x_{65} + x_{75} = 1$$

となる。しかし、自分のチームの選手は相手チームの選手よりも多く、全員が試合に出れるわけではないので、対戦数は0あるいは1のいずれかになる。したがって、横方向（自分のチームの選手の対戦数）の制約条件は、

$$x_{11} + x_{12} + x_{13} + x_{14} + x_{15} \leq 1$$
$$x_{21} + x_{22} + x_{23} + x_{24} + x_{25} \leq 1$$
$$x_{31} + x_{32} + x_{33} + x_{34} + x_{35} \leq 1$$
$$x_{41} + x_{42} + x_{43} + x_{44} + x_{45} \leq 1$$
$$x_{51} + x_{52} + x_{53} + x_{54} + x_{55} \leq 1$$
$$x_{61} + x_{62} + x_{63} + x_{64} + x_{65} \leq 1$$
$$x_{71} + x_{72} + x_{73} + x_{74} + x_{75} \leq 1$$

となる。これらの条件の下で、次の目的関数 f(x)

$$\begin{aligned}
f(x) = & \ 2x_{11} + 2x_{12} + 1x_{13} + 1x_{14} + 0x_{15} \\
& + 2x_{21} + 2x_{22} + 1x_{23} + 0x_{24} + 0x_{25} \\
& + 1x_{31} + 1x_{32} + 0x_{33} - 1x_{34} - 2x_{35} \\
& + 1x_{41} + 0x_{42} - 1x_{43} - 2x_{44} - 2x_{45} \\
& + 0x_{51} - 1x_{52} - 2x_{53} - 1x_{54} - 2x_{55}
\end{aligned}$$

$$+0x_{61} -1x_{62} -2x_{63} -2x_{64} -2x_{65}$$
$$-1x_{71} -1x_{72} -1x_{73} -1x_{74} -1x_{75}$$

を全変数を「バイナリ」という制約条件下で最大にする。

【シートの作成】

まず、図7-5のように必要な名称や数値をExcelのシートに入力しておく。

	A	B	C	D	E	F	G
1		相手A	相手B	相手C	相手D	相手E	
2	自分01	2	2	1	1	0	
3	自分02	2	2	1	0	0	
4	自分03	1	1	0	-1	-2	
5	自分04	1	0	-1	-2	-2	
6	自分05	0	-1	-2	-1	-2	
7	補欠01	0	-1	-2	-2	-2	
8	補欠02	-1	-1	-1	-1	-1	
9							
10		相手A	相手B	相手C	相手D	相手E	計
11	自分01	1	1	1	1	1	
12	自分02	1	1	1	1	1	
13	自分03	1	1	1	1	1	
14	自分04	1	1	1	1	1	
15	自分05	1	1	1	1	1	
16	補欠01	1	1	1	1	1	
17	補欠02	1	1	1	1	1	
18	計						
19							
20						目的関数	

図7-5　Excelの設定画面

初期値としてすべてに1を入れておく。

【関数の入力】

入力する関数は表7-8に、そして関数入力後のExcelの画面を図7-6に示した。

表7-8　関数の入力

順序	セル番地	操作／入力内容	説明
1	B18	＝SUM（B11：B17）	相手チームの選手の対戦数
2	B18の関数をC18からF18までコピー		
3	G11	＝SUM（B11：F11）	自分のチーム選手の対戦数
4	G11の関数をG12からG17までコピー		
5	G16	＝SUMPRODUCT（B2：F8，B11：F17）	目的関数

7. 団体戦のオーダー

	A	B	C	D	E	F	G
1		相手A	相手B	相手C	相手D	相手E	
2	自分01	2	2	1	1	0	
3	自分02	2	2	1	0	0	
4	自分03	1	1	0	-1	-2	
5	自分04	1	0	-1	-2	-2	
6	自分05	0	-1	-2	-1	-2	
7	補欠01	0	-1	-2	-2	-2	
8	補欠02	-1	-1	-1	-1	-1	
9							
10		相手A	相手B	相手C	相手D	相手E	計
11	自分01	1	1	1	1	1	5
12	自分02	1	1	1	1	1	5
13	自分03	1	1	1	1	1	5
14	自分04	1	1	1	1	1	5
15	自分05	1	1	1	1	1	5
16	補欠01	1	1	1	1	1	5
17	補欠02	1	1	1	1	1	5
18	計	7	7	7	7	7	
19							
20						目的関数	-12

図7-6　Excelの関数入力後の画面

ここで、G11からG17を1以下、そしてB18からF18までをすべて1という条件のもとで、G20の数値を最大にする。

【ソルバーの設定】

ソルバーの設定内容は表7-9にまとめた。

表7-9　ソルバーの設定内容

ソルバーの設定内容			
目的セル	G20		
目標値	最大値		
変化させるセル	B11:F17		
制約条件	no.	セル参照	演算子	制約条件
	1	$G$11:$G$17	≦	1
	2	$B$18:$F$18	=	1
	3	$B$11:$F$17	データ	バイナリ

【計算結果】

すべてのパラメタを入力後、「実行」をクリックすると、少し時間がかかるが、「最適解が見つかりました。制約条件はすべて満たされました。」と表示され、図7-7のような結果が得られる。

	A	B	C	D	E	F	G
1		相手A	相手B	相手C	相手D	相手E	
2	自分01	2	2	1	1	0	
3	自分02	2	2	1	0	0	
4	自分03	1	1	0	-1	-2	
5	自分04	1	0	-1	-2	-2	
6	自分05	0	-1	-2	-1	-2	
7	補欠01	0	-1	-2	-2	-2	
8	補欠02	-1	-1	-1	-1	-1	
9							
10		相手A	相手B	相手C	相手D	相手E	計
11	自分01	0	0	0	1	0	1
12	自分02	0	1	0	0	0	1
13	自分03	0	0	1	0	0	1
14	自分04	1	0	0	0	0	1
15	自分05	0	0	0	0	0	0
16	補欠01	0	0	0	0	0	0
17	補欠02	0	0	0	0	1	1
18	計	1	1	1	1	1	
19							
20						目的関数	3

図7-7 ソルバーの結果

結果、「自分02と相手B」が「必ず勝てる」、「自分04と相手A」「自分01と相手D」が「勝てるかもしれない」、「自分03と相手C」が「引き分け」、「補欠02と相手E」が「負けるかもしれない」ということになり、うまくいけば3－1で勝てることになる。

7.4 練習問題

【練習問題 7-1】

次の表は柔道の5人による団体戦の自分のチームと対戦相手との予想される星取表である。勝つだろうと予想される場合は1、負けが予想される場合は-1、引き分けは0で示している。勝つためにはどのようなオーダーを考えればよいか。

	相手A	相手B	相手C	相手D	相手E
自分01	0	0	1	1	0
自分02	1	0	1	0	0
自分03	0	1	0	-1	-1
自分04	1	0	-1	0	-1
自分05	0	-1	1	-1	-1

【練習問題 7-2】

次の表は柔道の5人による団体戦の補欠を含む自分のチームと対戦相手との予想される星取表である。勝つだろうと予想される場合は1、負けが予想される場合は-1、引き分けは0で示している。勝つためにはどのようなオーダーを考えればよいか。

7. 団体戦のオーダー

	相手A	相手B	相手C	相手D	相手E
自分01	2	2	1	1	0
自分02	2	2	1	0	0
自分03	1	1	0	-1	-2
自分04	1	0	-1	-1	-2
自分05	0	-1	0	-1	-2
補欠01	0	-1	-2	-2	-1
補欠02	0	0	-1	-2	-2
補欠03	-1	0	0	-2	-2

8 ゲーム理論

8.1 閉じたゲーム

　ゲーム理論には「3人以上」「利得の合計がプレーヤー間で0にならない」場合などあるが、本章では、2人（チームなど）の場合の単純な場合のみを考える。
　お互いにライバル関係にあるスーパーマーケット、A店とB店があるとしよう。A店は「北海道物産展」と「薬の安売りセール」の2種類のセールを考えている。それに対してB店は「沖縄物産展」「生鮮食品の安売りセール」「冷凍食品の安売りセール」の3種類のイベントで対抗しようと考えている。お互いが各々のセールやイベントを行ったときの損得を示したペイオフ（利得）行列を表8-1に示した。

表8-1　2店のそれぞれのイベントのペイオフ行列

		B店		
		沖縄物産展	生鮮食品の安売りセール	冷凍食品の安売りセール
A店	北海道物産展	＋10	＋20	＋40
A店	薬の安売りセール	－90	＋80	－120

（単位：万円）

　まずA店は最も利益のあがる「薬の安売りセール」をして80万円の儲けを得ようとするだろう。しかし、それをみたB店は相手が「薬の安売りセール」をした時、自分の店が最も儲かる「冷凍食品の安売りセール」をして120万円儲けるだろう。さらに、それをみたA店はみすみす損をすることはないので、手を変えて「北海道物産展」に切り替えるだろう。しかし、B店はこれに対する対抗手段はなく、その後、3つのイベントのうちどれを試みても損をするのはわかっているので、その中でも最も損の少ない「沖縄物産展」を続けるだろう。つまり、B店は損をするとわかっていても、大損をしなくてすむ「沖縄物産展」を続け、A店はもっと儲かるイベントがあるにもかかわらず「北海道物産展」を続け、堅実な儲けを得る手をとることになる。
　このような事例はスポーツのゲーム場面でもよく見られる。高校野球で、例えば「無死ランナー

一塁」という状況では必ず「バント」をする。攻める側からすれば、わざわざ「1アウト」を相手に差し出し、進塁させる。もし、強打を試みてヒットが出れば「ノーアウト」でさらに大量点を奪うチャンスがあるのに、バントをする。守る側からすればバントをするのを十分承知で相手にバントをさせる。敢えてバントをさせない方策はとらない。これは、攻める側は大きく利益を得るかもしれないが、失敗した場合の損失が大きいので敢えてバントを行い、守る側も確実に「1アウト」をとれるので敢えてバントをさせないという策はとらない。両者の妥協の結果であるといえる。

このように、両者に妥協する策があることを「鞍点がある」といい、お互いに最適な戦術が1つに決まるゲームを「閉じたゲーム(Closed Game)」という。そして、その戦術を「純粋戦術」といい、一定の値に収束した利得を「ゲームの値」という。

閉じたゲームの最適戦術は「ミニ・マックスの原理」により求めることができる。

各行の最小値を求める　　　最大値を求める

A店
+10	+20	+40
-90	+80	-120

⇒

+10
-120

⇒

| +10 |

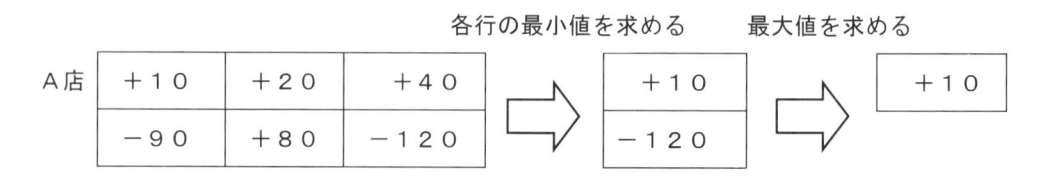

図8-1　「ミニ・マックスの原理」

「ミニ・マックスの原理」は想定される最悪の中から最大の利益を拾うという考えに立つものである。反対に、相手側から考えれば、想定される最悪の事態、つまり大きな値（マックス）の中で、被害の最小となる戦術を選ぶであろう。相手側からみた最適戦術を見つける原理を「マックス・ミニの原理」と呼ぶ。

B店

+10	+20	+40
-90	+80	-120

⇓　各列の最大値を求める

| +10 | +80 | +40 |

⇓　最小値を求める

| +10 |

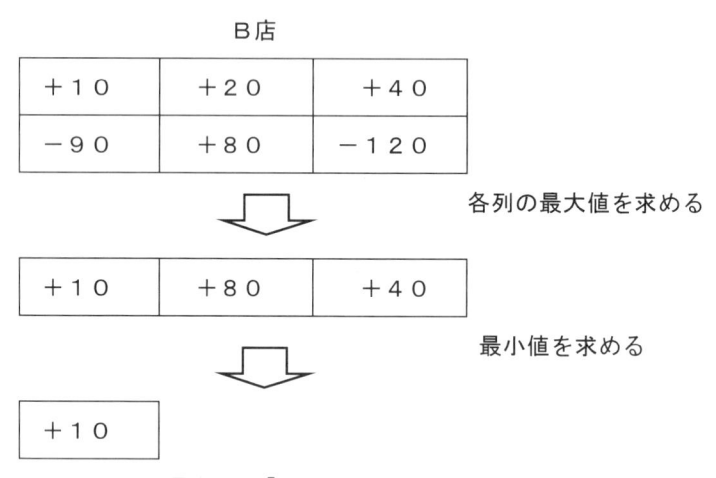

図8-2　「マックス・ミニの原理」

これらの「ミニ・マックスの原理」と「マックス・ミニの原理」で得られた値が同じになる場合を「鞍点を持つ」といい、閉じたゲームということになる。

8.2　開いたゲーム

しかし、両者に最適な戦術が必ずしも1つに決まらない場合もある。表8-2のような場合、A店が儲けの多い「薬の安売りセール」を選べば、B店は「沖縄物産展」で対抗するだろう。B店が「沖縄物産展」ならA店は「北海道物産展」で切り返し、それを見たB店は「生鮮食品の安売りセール」を仕掛けてくるだろう。さらに、それならばとA店は最初の「薬の安売りセール」を再び始めるに違いない。これは永遠にくり返され、純粋戦術はない。このようなゲームを「開いたゲーム

（Opened Game）」といい、最適戦術は１つだけとは限らない。

表8-2　最適な戦術が1つに決まらない場合のペイオフ行列

		B店	
		沖縄物産展	生鮮食品の安売りセール
A店	北海道物産展	＋１０	－８０
	薬の安売りセール	－９０	＋２０

（単位：万円）

　開いたゲームの場合の最適戦術は、各々の戦術を一定の割合に織り交ぜて行うことになる。両者が各々の戦術を一定の割合で行った際の期待値（予想される平均利得）の合計が、両者で一致した場合、「鞍点を持つ」ことになり、その値がゲームの値ということになる。

8.3　開いたゲームをソルバーで解く

お互いの戦術の成功・失敗の結果を表8-3に示すように主観的に7段階で評価した。

表8-3　戦術の結果の主観的評価

成功・失敗の主観的評価	点数
今後かなり優位になる	＋３
優位になる	＋２
やや優位になる	＋１
どちらでもない	０
やや不利になる	－１
不利になる	－２
今後かなり不利になる	－３

【問題】

　現在の状況下で、お互いの戦術の結果を主観的評価した場合、表8-4のようになった。このゲームの値と、両チームの最適戦術比率を求めよ。

表8-4 両チームの戦術のペイオフ行列

		相手チーム	
		戦術1(y_1)	戦術2(y_2)
自分のチーム	戦術1(x_1)	＋3	－2
	戦術2(x_2)	－1	＋1

【数式化】

　自分の2つの戦術の比率を各々x_1とx_2、相手の2つの戦術の比率をy_1とy_2とすると、自分が戦術1をとった時、期待される平均利得は、相手の戦術の比率に左右されて

$$+3y_1-2y_2$$

となる。そして、戦術2の場合は

$$-1y_1+1y_2$$

となる。この2式で得られる利得のうち、最大値を得る戦術が「自分のチームの最適戦術」と考えられる。同様に、相手チームに関しても、相手チームが戦術1をとった時、期待される平均利得（損出）は、自分のチームの戦術比率に左右されて

$$+3x_1-1x_2$$

となり、戦術2の場合は

$$-2x_1+1x_2$$

となる。相手チームの場合は、この2式で得られる（失われる）利得（損出）の最小値を得る戦術が「相手のチームの最適戦術」となる。ここで、両者の最適戦術で得られる利得が一致すれば、それがゲームの解となる。
　具体的には、両者の最適戦術で得られる利得の差の絶対値を目的関数にして、この目的関数ができるだけ小さく（＝0）なるようにする。ただし、戦術比率は「確率」なので、負になることはなく、2つの戦術比率は1（＝100％）にならなければならないという制約条件がつくことになる。

【シートの作成】

　まず、図8-3のように必要な名称や数値をExcelのシートに入力しておく。

	A	B	C	D	E	F
1			相手		合計	
2			1	1		最大
3	自分	1	3	-2		
4		1	-1	1		
5	合計				積和	
6		最小				
7						
8		目的関数				

図8-3　Excelの設定画面

初期値として最適戦術比率は両チームともすべてに1を入れておく。

【関数の入力】

入力する関数は表8-5に、そして関数入力後のExcelの画面を図8-4に示した。

表8-5 関数の入力

順序	セル番地	操作／入力内容	説 明
1	B5	＝B3＋B4	自分のチームの最適戦術比率の合計は1
2	E2	＝C2＋D2	相手のチームの最適戦術比率の合計は1
3	E3	＝C2＊C3＋D2＊D3	自分のチームの戦術1の期待値
4	E4	＝C2＊C4＋D2＊C4	自分のチームの戦術2の期待値
5	C5	＝B3＊C3＋B4＊C4	相手のチームの戦術1の期待値
6	D5	＝B3＊D3＋B4＊D4	相手のチームの戦術2の期待値
7	F3	＝MAX（E3, E4）	自分のチームの利得の最大値
8	C6	＝MIN（C5, D5）	相手チームの利得（損失）の最小値
9	C8	＝ABS（F3－C6）	目的関数

	A	B	C	D	E	F
1			相手		合計	
2			1	1	2	最大
3	自分	1	3	-2	1	1
4		1	-1	1	0	
5	合計	2	2	-1	積和	
6		最小	-1			
7						
8		目的関数	2			

図8-4 Excelの関数入力後の画面

ここで、C2、D2、B3、B4が正で、C2＋D3＝1、B3＋B4＝1という条件のもとで、C8の数値を最小（＝0）にする。

【ソルバーの設定】

ソルバーの設定内容は表8-6にまとめた。

表8-6 ソルバーの設定内容

	ソ ル バ ー の 設 定 内 容			
目的セル	Ｃ８			
目標値	最小値			
変化させるセル	Ｂ３：Ｂ４　と　Ｃ２：Ｄ２			
制約条件	no.	セル参照	演算子	制約条件
	1	Ｅ２	＝	1
	2	Ｂ５	＝	1
	3	Ｂ３：Ｂ４	≧	0
	3	Ｃ２：Ｄ２	≧	0

【計算結果】

　すべてのパラメタを入力後、「実行」をクリックすると、「最適解が見つかりました。制約条件はすべて満たされました。」と表示され、図8-5のような結果が得られる。

	A	B	C	D	E	F
1			相手		合計	
2			3/7	4/7	1	最大
3	自分	2/7	3	-2	1/7	1/7
4		5/7	-1	1	1/7	
5	合計	1	1/7	1/7	積和	
6		最小	1/7			
7						
8		目的関数	0			

図8-5 ソルバーの結果

　つまり、自分のチームは戦術1を2/7、戦術2を5/7の比率でとれば1/7の利得となり、かろうじて有利になる結果を得られることになる。また、同時に相手のチームは戦術1を3/7、戦術2を4/7の比率で組み立ててくることになる。

8.4　2×3の開いたゲームをソルバーで解く

【問題】

　次の表8-7のペイオフ表でのゲームの値と、両チームの最適戦術比率を求めよ。

表8-7 両チームの戦術のペイオフ表

		相手チーム		
		戦術1(y_1)	戦術2(y_2)	戦術3(y_3)
自分のチーム	戦術1(x_1)	0	−2	＋1
	戦術2(x_2)	＋2	＋3	−2

【数式化】

　自分の2つの戦術の比率を各々x_1とx_2、相手の3つの戦術の比率をy_1、y_2、y_3とすると、自分が戦術1をとった時、期待される平均利得は、相手の戦術の比率に左右されて

$$+0y_1 - 2y_2 + 1y_3$$

となる。そして、戦術2の場合は

$$+2y_1 + 3y_2 - 2y_3$$

となる。この2式で得られる利得のうち、最大値を得る戦術が「自分のチームの最適戦術」と考えられる。同様に、相手チームに関しても、相手チームが戦術1をとった時、期待される平均利得（損出）は、自分のチームの戦術比率に左右されて

$$0x_1 + 2x_2$$

となり、戦術2の場合は

$$-2x_1 + 3x_2$$

となる。また、戦術3では

$$+1x_1 - 2x_2$$

となる。相手チームの場合は、この3式で得られる（失われる）利得の最小値を得る戦術が「相手のチームの最適戦術」となる。ここで、両者の最適戦術で得られる利得が一致すれば、それがゲームの解となる。そこで、両者の最適戦術で得られる利得の差の絶対値を目的関数にして、戦術比率が負にならず合計が1という条件の下で、この目的関数ができるだけ小さく（＝0）なるようにする。

【シートの作成】

　まず、図8-6のように必要な名称や数値をExcelのシートに入力しておく。

	A	B	C	D	E	F	G
1			相手			合計	
2			1	1	1		最大
3	自分	1	0	−2	1		
4		1	2	3	−2		
5	合計					積和	
6		最小					
7							
8		目的関数					

図8-6　Excelの設定画面

初期値として最適戦術比率は両チームともすべてに1を入れておく。

【関数の入力】

入力する関数は表8-8に、そして関数入力後のExcelの画面を図8-7に示した。

表8-8 関数の入力

順序	セル番地	操作／入力内容	説 明
1	B5	＝B3＋B4	自分のチームの最適戦術比率の合計は1
2	F2	＝C2＋D2＋E	相手のチームの最適戦術比率の合計は1
3	F3	＝C2＊C3＋D2＊D3＋E2＊E3	自分のチームの戦術1の期待値
4	F4	＝C2＊C4＋D2＊C4＋E2＊E4	自分のチームの戦術2の期待値
5	C5	＝B3＊C3＋B4＊C4	相手のチームの戦術1の期待値
6	D5	＝B3＊D3＋B4＊D4	相手のチームの戦術2の期待値
6	E5	＝B3＊E3＋B4＊E4	相手のチームの戦術3の期待値
7	F3	＝MAX（F3，F4）	自分のチームの利得の最大値
8	C6	＝MIN（C5，E5）	相手チームの利得（損失）の最小値
9	C8	＝ABS（G3－C6）	目的関数

	A	B	C	D	E	F	G
1			相手			合計	
2			1	1	1	3	最大
3	自分	1	0	-2	1	-1	3
4		1	2	3	-2	3	
5	合計	2	2	1	-1	積和	
6		最小	-1				
7							
8		目的関数	4.000				

図8-7 Excelの関数入力後の画面

ここで、C2、D2、E2、B3、B4が正で、C2＋D2＋E2＝1、B3＋B4＝1という条件のもとで、C8の数値を最小（＝0）にする。

【ソルバーの設定】

ソルバーの設定内容は表8-9にまとめた。

表8-9 ソルバーの設定内容

ソルバーの設定内容				
目的セル	C8			
目標値	最小値			
変化させるセル	B3:B4 と C2:E2			
制約条件	no.	セル参照	演算子	制約条件
	1	F2	＝	1
	2	B5	＝	1
	3	B3:B4	≧	0
	3	C2:E2	≧	0

【計算結果】

　すべてのパラメタを入力後、「実行」をクリックすると、「最適解が見つかりました。制約条件はすべて満たされました。」と表示され、図8-8のような結果が得られる。

	A	B	C	D	E	F	G
1			相手			合計	
2			0	3/8	5/8	1	最大
3	自分	5/8	0	－2	1	－1/8	－1/8
4		3/8	2	3	－2	－1/8	
5	合計	1	3/4	－1/8	－1/8	積和	
6		最小	－1/8				
7							
8		目的関数	0.000				

図8-8 ソルバーの結果

　つまり、自分のチームは戦術1を5／8、戦術2を3／8の比率でとれば－1／8の利得（1／8の損失）となり、常に不利な結果になってしまうことになる。また、同時に相手のチームは戦術1はしてこないで、戦術2を3／8、戦術3を5／8の比率でしてくることになる。

8.5　練習問題

【練習問題 8-1】

　自分のチームには左右の2人の投手がいる。この投手に対して相手チームが「右打者中心」「左打者中心」「左右混合」のオーダーを組んで対戦した場合の予想される得失点を次の表にまとめた。リーグ戦では2人の投手をどのような割合で登板させればできるだけ失点されずにすむだろうか。

		相手チーム		
		右打者中心 (y_1)	左打者中心 (y_2)	左右混合 (y_3)
自分のチーム	左投手 (x_1)	+3	-4	-2
	右投手 (x_2)	-1	+3	+4

【練習問題 8-2】

　団体戦のオーダーを考えている。こちらの戦術としてはポイントゲッター2名を「前半」「中盤」「後半」に集中させるオーダーを考えている。それに対して相手チームがポイントゲッターを「前半に集中させる」「分散させる」「後半に集中させる」戦術をとった場合、得失点表は次の表のようになることが予想される。定期交流戦ではどのような割合でどのオーダーを採用したらよいだろうか。

		相手チーム		
		前半集中 (y_1)	分散型 (y_2)	後半集中 (y_3)
自分のチーム	前半集中 (x_1)	0	-2	+1
	中盤集中 (x_2)	+2	+3	-2
	後半集中 (x_3)	+1	-3	+1

練習問題の解答例

　以下に各章の練習問題の解答例を示すが、初期値によってはここに示した解答以外も正解になる場合がある。

1. キャプテンを選ぶ

【練習問題 1-1の解答】

判断基準間の一対比較

基準間	受験準備	試合重複	気候	幾何平均	ウエイト
受験準備	1	1/3	3	1.000	0.258
試合重複	3	1	5	2.466	0.637
気候	1/3	1/5	1	0.405	0.105
				3.872	

判断基準「受験準備」について代替案間の一対比較

受験準備	6月中旬	9月上旬	10月下旬	幾何平均	ウエイト
6月中旬	1	1/3	3	1.000	0.258
9月上旬	3	1	5	2.466	0.637
10月下旬	1/3	1/5	1	0.405	0.105
				3.872	

判断基準「試合との重複」について代替案間の一対比較

試合重複	6月中旬	9月上旬	10月下旬	幾何平均	ウエイト
6月中旬	1	1	1/3	0.693	0.200
9月上旬	1	1	1/3	0.693	0.200
10月下旬	3	3	1	2.080	0.600
				3.467	

判断基準「気候」について代替案間の一対比較

気候	6月中旬	9月上旬	10月下旬	幾何平均	ウエイト
6月中旬	1	3	5	2.466	0.651
9月上旬	1/3	1	1/3	0.481	0.127
10月下旬	1/5	3	1	0.843	0.223
				3.790	

総合得点計算表

代替案	受験準備	試合重複	気候	総合得点
6月中旬	0.067	0.127	0.068	0.262
9月上旬	0.165	0.127	0.013	0.305
10月下旬	0.027	0.382	0.023	0.433

【練習問題 1-2の解答】

判断基準間の一対比較

基準間	デザイン	価格	履き心地	色	幾何平均	ウエイト
デザイン	1	3	1/3	3	1.316	0.261
価格	1/3	1	1/3	3	0.760	0.150
履き心地	3	3	1	5	2.590	0.513
色	1/3	1/3	1/5	1	0.386	0.076
					5.052	

判断基準「デザイン」について代替案間の一対比較

デザイン	A社	B社	幾何平均	ウエイト
A社	1	1/3	0.577	0.250
B社	3	1	1.732	0.750
			2.309	

判断基準「価格」について代替案間の一対比較

価格	A社	B社	幾何平均	ウエイト
A社	1	1	1.000	0.500
B社	1	1	1.000	0.500
			2.000	

判断基準「履き心地」について代替案間の一対比較

履き心地	A社	B社	幾何平均	ウエイト
A社	1	3	1.732	0.750
B社	1/3	1	0.577	0.250
			2.309	

判断基準「色」について代替案間の一対比較

色	A社	B社	幾何平均	ウエイト
A社	1	1/3	0.577	0.250
B社	3	1	1.732	0.750
			2.309	

総合得点計算表

代替案	デザイン	価格	履き心地	色	総合得点
A社	0.065	0.075	0.385	0.019	0.544
B社	0.195	0.075	0.128	0.057	0.456

2. 食材の分量

【練習問題 2-1の解答】

鶏肉の摂取量をx_1、ハムの摂取量をx_2とすると、

$$254x_1 + 124x_2 \geq 2550$$
$$11x_1 + 12x_2 \geq 180$$
$$x_1 \geq 0$$
$$x_2 \geq 0$$

という制約条件の下で、目的関数 f(x)

$$f(x) = 18.6x_1 + 16x_2$$

を最小にすることを考える。ソルバーを使って計算すると以下のとおりとなり、鶏肉492g、ハムを1049g摂取すると、脂質は259.34gとなり最小の摂取量になる。

	鶏肉	ハム	所要量
	4.92	10.49	
エネルギー	254	124	2550
蛋白質	11	12	180
			目的関数
脂質	18.6	16	259.34

【練習問題 2-2の解答】

鶏肉の摂取量をx_1、ハムの摂取量をx_2とすると、

$$254x_1 + 124x_2 \geq 2550$$
$$11x_1 + 12x_2 \geq 180$$
$$0.1x_1 + 3.3x_2 \leq 10$$
$$x_1 \geq 0$$
$$x_2 \geq 0$$

という制約条件の下で、目的関数 f(x)

$$f(x) = 18.6x_1 + 16x_2$$

を最小にすることを考える。ソルバーを使って計算すると、鶏肉1350g、ハムを262g摂取すると、脂質は293.12gとなり最小の摂取量になる。

	鶏肉	ハム	所要量
	13.50	2.62	
エネルギー	254	124	2550
蛋白質	11	12	180
塩分	0.1	3.3	10
			目的関数
脂質	18.6	16	293.12

3. 物品購入

【練習問題 3-1の解答】

パソコン購入の有無を示すバイナリ変数をx_1、プリンターをx_2、掃除機をx_3、ラジカセをx_4、ビデオカメラをx_5、デジタルカメラをx_6、テレビをx_7、CDプレーヤーをx_8とすると、

$$187x_1+79x_2+38x_3+82x_4+31x_5+127x_6+66x_7+91x_8 \leq 450$$

という制約条件の下で、目的関数 f(x)

$$f(x)=11x_1+6x_2+2x_3+5x_4+4x_5+7x_6+5x_7+4x_8$$

を最大にすることを考える。ソルバーを使って計算すると、「パソコン」「プリンター」「ラジカセ」「ビデオカメラ」「テレビ」を購入すると44万5千円となり5千円あまるが、のべ31人の希望者を満足させることができる。

品名	単価(単位：千円)	希望者	購入の可否	購入金額	満足する人数
パソコン	187	11	1	187	11
プリンター	79	6	1	79	6
掃除機	38	2	0	0	0
ラジカセ	82	5	1	82	5
ビデオカメラ	31	4	1	31	4
デジタルカメラ	127	7	0	0	0
テレビ	66	5	1	66	5
CDプレーヤー	91	4	0	0	0
			合計	445	31

【練習問題 3-2の解答】

新体操部の体育館使用の許可を示すバイナリ変数をx_1、空手部をx_2、バドミントン部をx_3、水泳部をx_4、柔道部をx_5、剣道部をx_6、合気道部をx_7、器械体操部をx_8、山岳部をx_9とすると、

$$1/4x_1+1/6x_2+1/8x_3+1/4x_4+1/6x_5+1/8x_6+1/4x_7+1/4x_8+1/8x_9 \leq 1$$

という制約条件の下で、目的関数 f(x)

$$f(x)=22x_1+19x_2+11x_3+32x_4+17x_5+15x_6+20x_7+17x_8+16x_9$$

を最大にすることを考える。ソルバーを使って計算すると、「新体操部」「合気道部」「器械体操部」を断ると体育館の23/24を使用して、110人の生徒が利用できる。

品名	使用面積	部員数	利用の有無	使用面積	総使用人数
新体操部	1/4	22	0	0	0
空手部	1/6	19	1	1/6	19
バドミントン部	1/8	11	1	1/8	11
水泳部	1/4	32	1	1/4	32
柔道部	1/6	17	1	1/6	17
剣道部	1/8	15	1	1/8	15
合気道部	1/4	20	0	0	0
器械体操部	1/4	17	0	0	0
山岳部	1/8	16	1	1/8	16
		合計		23/24	110

4. グルーピング

【練習問題 4-1の解答】

学生 i がコース j に参加するかどうかを、「参加する＝1」「しない＝0」としたバイナリ変数とすると

$$x_{11} + x_{12} + x_{13} + x_{14} = 1$$
$$x_{21} + x_{22} + x_{23} + x_{24} = 1$$
$$x_{31} + x_{32} + x_{33} + x_{24} = 1$$
$$\cdots\cdots\cdots\cdots$$
$$x_{251} + x_{252} + x_{253} + x_{254} = 1$$

となり、コースにも参加人数にも制限があるので

$$x_{11} + x_{21} + \ldots + x_{251} \leqq 7$$
$$x_{12} + x_{22} + \ldots + x_{252} \leqq 7$$
$$x_{13} + x_{23} + \ldots + x_{253} \leqq 7$$
$$x_{14} + x_{24} + \ldots + x_{254} \leqq 7$$

となり、これらの条件の下で、次の目的関数 f(x)

$$\begin{aligned}f(x) =\ & 3x_{11} + 1x_{12} + 2x_{13} + 4x_{14} \\ &+ 1x_{21} + 2x_{22} + 3x_{23} + 4x_{24} \\ &+ 2x_{31} + 3x_{32} + 1x_{33} + 4x_{34} \\ &\cdots\cdots\cdots\cdots \\ &+ 2x_{251} + 3x_{252} + 4x_{253} + 1x_{254}\end{aligned}$$

を最小にすることを考える。ソルバーを使って計算すると、次のようになり、目的関数は34と最小になる。

氏名	清水寺	嵐山	鞍馬山	金閣寺	氏名	清水寺	嵐山	鞍馬山	金閣寺	合計	
学生01	3	1	2	4	学生01	0	0	1	0	1	
学生02	1	2	3	4	学生02	1	0	0	0	1	
学生03	2	3	1	4	学生03	0	0	1	0	1	
学生04	1	2	3	4	学生04	1	0	0	0	1	
学生05	3	1	4	2	学生05	0	1	0	0	1	
学生06	1	2	3	4	学生06	1	0	0	0	1	
学生07	4	1	3	2	学生07	0	1	0	0	1	
学生08	1	4	3	2	学生08	0	0	0	1	1	
学生09	2	1	4	3	学生09	0	1	0	0	1	
学生10	1	3	4	2	学生10	0	0	0	1	1	
学生11	3	1	4	2	学生11	0	1	0	0	1	
学生12	2	3	4	1	学生12	0	0	0	1	1	
学生13	2	4	1	3	学生13	0	0	1	0	1	
学生14	2	1	3	4	学生14	0	1	0	0	1	
学生15	1	2	3	4	学生15	1	0	0	0	1	
学生16	1	3	4	2	学生16	1	0	0	0	1	
学生17	1	3	4	2	学生17	0	0	0	1	1	
学生18	2	1	4	3	学生18	0	1	0	0	1	
学生19	1	2	3	4	学生19	1	0	0	0	1	
学生20	2	4	1	3	学生20	0	0	1	0	1	
学生21	1	4	2	3	学生21	0	0	1	0	1	
学生22	1	4	3	2	学生22	0	0	1	0	1	
学生23	4	1	2	3	学生23	0	0	1	0	1	
学生24	2	1	3	4	学生24	0	1	0	0	1	
学生25	2	3	4	1	学生25	1	0	0	0	1	
					合計	7	7	7	4	目的関数	34

【練習問題 4-2の解答】

生徒 i が種目 j に参加するかどうかを、「参加する＝1」「しない＝0」としたバイナリ変数とすると

$$x_{11} + x_{12} + x_{13} + x_{14} = 1$$
$$x_{21} + x_{22} + x_{23} + x_{24} = 1$$
$$x_{31} + x_{32} + x_{33} + x_{24} = 1$$
$$\cdots\cdots\cdots\cdots$$
$$x_{221} + x_{222} + x_{223} + x_{224} = 1$$

となり、種目にも参加人数にも制限があるので

$$x_{11} + x_{21} + \ldots + x_{251} \leqq 4$$
$$x_{12} + x_{22} + \ldots + x_{252} \leqq 2$$
$$x_{13} + x_{23} + \ldots + x_{253} \leqq 10$$
$$x_{14} + x_{24} + \ldots + x_{254} \leqq 6$$

となり、これらの条件の下で、次の目的関数 f(x)

$$f(x) = 2x_{11} + 3x_{12} + 4x_{13} + 1x_{14}$$
$$+ 3x_{21} + 1x_{22} + 4x_{23} + 2x_{24}$$
$$+ 1x_{31} + 4x_{32} + 3x_{33} + 2x_{34}$$
$$\cdots\cdots\cdots\cdots$$
$$+ 3x_{221} + 1x_{222} + 4x_{223} + 2x_{224}$$

を最小にすることを考える。ソルバーを使って計算すると、次のようになり、目的関数は４１と最小になる。

氏名	卓球	バドミントン	テニス	フリスビー	氏名	卓球	バドミントン	テニス	フリスビー	合計
生徒01	2	3	4	1	生徒01	0	0	0	1	1
生徒02	3	1	4	2	生徒02	0	1	0	0	1
生徒03	1	4	3	2	生徒03	1	0	0	0	1
生徒04	2	3	1	4	生徒04	0	0	1	0	1
生徒05	3	1	4	2	生徒05	0	0	0	1	1
生徒06	4	1	3	2	生徒06	1	0	0	0	1
生徒07	4	3	1	2	生徒07	0	0	1	0	1
生徒08	1	4	3	2	生徒08	1	0	0	0	1
生徒09	1	2	4	3	生徒09	0	0	1	0	1
生徒10	4	1	3	2	生徒10	0	1	0	0	1
生徒11	4	3	2	1	生徒11	0	0	1	0	1
生徒12	3	1	2	4	生徒12	0	0	1	0	1
生徒13	3	1	4	2	生徒13	0	0	0	1	1
生徒14	2	3	1	4	生徒14	0	0	1	0	1
生徒15	3	1	2	4	生徒15	0	0	1	0	1
生徒16	3	1	4	2	生徒16	0	0	0	1	1
生徒17	1	2	4	3	生徒17	1	0	0	0	1
生徒18	2	4	3	1	生徒18	0	0	1	0	1
生徒19	2	1	3	4	生徒19	0	0	1	0	1
生徒20	1	2	3	4	生徒20	0	0	1	0	1
生徒21	2	3	4	1	生徒21	0	0	0	1	1
生徒22	3	1	4	2	生徒22	0	0	0	1	1
					合計	4	2	10	6	目的関数 41

5. 仕事の割り振り

【練習問題 5-1の解答】

生徒 i が項目 j を「担当する」「しない」をバイナリ変数 x_{ij} として、「担当する」場合は1、「しない」場合は0とすると、生徒の制約条件は、

$$x_{11} + x_{12} + x_{13} + x_{14} + x_{15} = 1$$
$$x_{21} + x_{22} + x_{23} + x_{24} + x_{25} = 1$$
$$x_{31} + x_{32} + x_{33} + x_{34} + x_{35} = 1$$
$$x_{41} + x_{42} + x_{43} + x_{44} + x_{45} = 1$$
$$x_{51} + x_{52} + x_{53} + x_{54} + x_{55} = 1$$

となり、項目の制約条件は、

$$x_{11} + x_{21} + x_{31} + x_{41} + x_{51} = 1$$
$$x_{12} + x_{22} + x_{32} + x_{42} + x_{52} = 1$$
$$x_{13} + x_{23} + x_{33} + x_{43} + x_{53} = 1$$
$$x_{14} + x_{24} + x_{34} + x_{44} + x_{54} = 1$$
$$x_{15} + x_{25} + x_{35} + x_{45} + x_{55} = 1$$

となる。この条件の下で、次の目的関数 f(x)

$$\begin{aligned}
f(x) = & 5x_{11} + 4x_{12} + 3x_{13} + 5x_{14} + 7x_{15} \\
& + 2x_{21} + 4x_{22} + 2x_{23} + 4x_{24} + 0x_{25} \\
& + 3x_{31} + 4x_{32} + 1x_{33} + 4x_{34} + 1x_{35}
\end{aligned}$$

$$+0x_{41} +3x_{42} +4x_{43} +3x_{44} +2x_{45}$$
$$+2x_{51} +5x_{52} +5x_{53} +4x_{54} +6x_{55}$$

を最大にする。ソルバーを使って計算すると、次のようになり、総経験回数は２３と最大になる。

	50m走	遠投	走幅跳	背筋力	肺活量	計
生徒01	1	0	0	0	0	1
生徒02	0	1	0	0	0	1
生徒03	0	0	0	1	0	1
生徒04	0	0	1	0	0	1
生徒05	0	0	0	0	1	1
計	1	1	1	1	1	
					目的関数	23

【練習問題 5-2の解答】

教員ｉが大会・行事ｊを「担当する」「しない」をバイナリ変数x_{ij}として、「担当する」場合は1、「しない」場合は0とすると、教員の制約条件は、

$$x_{11} + x_{12} + x_{13} + x_{14} + x_{15} + x_{16} = 1$$
$$x_{21} + x_{22} + x_{23} + x_{24} + x_{25} + x_{26} = 1$$
$$\cdots\cdots\cdots\cdots$$
$$x_{61} + x_{62} + x_{63} + x_{64} + x_{65} + x_{66} = 1$$

となり、大会・行事の制約条件は、

$$x_{11} + x_{21} + x_{31} + x_{41} + x_{51} + x_{61} = 1$$
$$x_{12} + x_{22} + x_{32} + x_{42} + x_{52} + x_{62} = 1$$
$$\cdots\cdots\cdots\cdots$$
$$x_{16} + x_{26} + x_{36} + x_{46} + x_{56} + x_{66} = 1$$

となる。この条件の下で、次の目的関数 f(x)

$$f(x) = 7x_{11} + 6x_{12} + 4x_{13} + 4x_{14} + 5x_{15} + 4x_{16}$$
$$+ 1x_{21} + 2x_{22} + 2x_{23} + 0x_{24} + 1x_{25} + 3x_{26}$$
$$\cdots\cdots\cdots\cdots$$
$$+ 1x_{61} + 2x_{62} + 0x_{63} + 0x_{64} + 0x_{65} + 2x_{66}$$

を最大にする。ソルバーを使って計算すると、次のようになり、総投票数は２０と最大になる。

	体力測定	バレーボール大会	体育祭	マラソン大会	水泳大会	集団行動	計
教員01	1	0	0	0	0	0	1
教員02	0	0	0	0	0	1	1
教員03	0	0	0	1	0	0	1
教員04	0	0	1	0	0	0	1
教員05	0	0	0	0	1	0	1
教員06	0	1	0	0	0	0	1
計	1	1	1	1	1	1	
						目的関数	20

6. 担当者を選んで割り振る

【練習問題 6-1の解答】

　生徒 i が項目 j を「担当する」「しない」をバイナリ変数 x_{ij} として、「担当する」場合は1、「しない」場合は0とすると、生徒の制約条件は、

$$x_{11} + x_{12} + x_{13} + x_{14} + x_{15} \leq 1$$
$$x_{21} + x_{22} + x_{23} + x_{24} + x_{25} \leq 1$$
$$\cdots\cdots\cdots\cdots$$
$$x_{71} + x_{72} + x_{73} + x_{74} + x_{75} \leq 1$$

となり、項目の制約条件は、

$$x_{11} + x_{21} + x_{31} + x_{41} + x_{51} + x_{61} + x_{71} = 1$$
$$x_{12} + x_{22} + x_{32} + x_{42} + x_{52} + x_{62} + x_{72} = 1$$
$$\cdots\cdots\cdots\cdots$$
$$x_{15} + x_{25} + x_{35} + x_{45} + x_{55} + x_{65} + x_{75} = 1$$

となる。この条件の下で、次の目的関数 f(x)

$$\begin{aligned}f(x) =\ &4x_{11} + 3x_{12} + 3x_{13} + 2x_{14} + 3x_{15}\\ &+ 2x_{21} + 3x_{22} + 2x_{23} + 0x_{24} + 2x_{25}\\ &\cdots\cdots\cdots\cdots\\ &+ 2x_{71} + 3x_{72} + 1x_{73} + 2x_{74} + 3x_{75}\end{aligned}$$

を最大にする。ソルバーを使って計算すると、次のようになり、総経験回数は19と最大になる。

	50m走	遠投	走幅跳	背筋力	肺活量	計
生徒01	1	0	0	0	0	1
生徒02	0	1	0	0	0	1
生徒03	0	0	0	0	0	0
生徒04	0	0	1	0	0	1
生徒05	0	0	0	1	0	1
生徒06	0	0	0	0	0	0
生徒07	0	0	0	0	1	1
計	1	1	1	1	1	
					目的関数	19

【練習問題 6-2の解答】

　教員 i が大会・行事 j を「担当する」「しない」をバイナリ変数 x_{ij} として、「担当する」場合は1、「しない」場合は0とすると、教員の制約条件は、

$$x_{11} + x_{12} + x_{13} + x_{14} + x_{15} + x_{16} \leq 1$$
$$x_{21} + x_{22} + x_{23} + x_{24} + x_{25} + x_{26} \leq 1$$
$$\cdots\cdots\cdots\cdots$$
$$x_{111} + x_{112} + x_{113} + x_{114} + x_{115} + x_{116} \leq 1$$

となり、大会・行事の制約条件は、

$$x_{11} + x_{21} + x_{31} + x_{41} + x_{51} + x_{61} + x_{71} + x_{81} + x_{91} + x_{101} + x_{111} = 1$$
$$x_{12} + x_{22} + x_{32} + x_{42} + x_{52} + x_{62} + x_{72} + x_{82} + x_{92} + x_{102} + x_{112} = 1$$
$$\cdots\cdots\cdots\cdots$$

$$x_{16}+x_{26}+x_{36}+x_{46}+x_{56}+x_{66}+x_{76}+x_{86}+x_{96}+x_{106}+x_{116}=1$$

となる。この条件の下で、次の目的関数 $f(x)$

$$\begin{aligned}f(x)=&\ 3x_{11}+2x_{12}+4x_{13}+2x_{14}+0x_{15}+2x_{16}\\&+0x_{21}+2x_{22}+2x_{23}+0x_{24}+1x_{25}+1x_{26}\\&\cdots\cdots\cdots\cdots\\&+1x_{111}+2x_{112}+0x_{113}+0x_{114}+2x_{115}+0x_{116}\end{aligned}$$

を最大にする。ソルバーを使って計算すると、次のようになり、総投票数は16と最大になる。

	体力測定	バレーボール大会	体育祭	マラソン大会	水泳大会	集団行動	計
教員01	0	0	1	0	0	0	1
教員02	0	1	0	0	0	0	1
教員03	0	0	0	0	0	0	0
教員04	0	0	0	1	0	0	1
教員05	0	0	0	0	1	0	1
教員06	1	0	0	0	0	0	1
教員07	0	0	0	0	0	0	0
教員08	0	0	0	0	0	0	0
教員09	0	0	0	0	0	1	1
教員10	0	0	0	0	0	0	0
教員11	0	0	0	0	0	0	0
計	1	1	1	1	1	1	
						目的関数	16

7. 団体戦のオーダー

【練習問題 7-1の解答】

　自分のチームの選手 i が対戦相手 j と「対戦する」「しない」をバイナリ変数 x_{ij} として、「対戦する」場合は1、「しない」場合は0とすると、自分のチームの制約条件は、

$$\begin{aligned}x_{11}+x_{12}+x_{13}+x_{14}+x_{15}&=1\\x_{21}+x_{22}+x_{23}+x_{24}+x_{25}&=1\\\cdots\cdots\cdots\cdots\\x_{51}+x_{52}+x_{53}+x_{54}+x_{55}&=1\end{aligned}$$

となり、相手チームの制約条件は、

$$\begin{aligned}x_{11}+x_{21}+x_{31}+x_{41}+x_{51}&=1\\x_{12}+x_{22}+x_{32}+x_{42}+x_{52}&=1\\\cdots\cdots\cdots\cdots\\x_{15}+x_{25}+x_{35}+x_{45}+x_{55}&=1\end{aligned}$$

となる。これらの条件の下で、目的関数 $f(x)$

$$\begin{aligned}f(x)=&\ 0x_{11}+0x_{12}+1x_{13}+1x_{14}+0x_{15}\\&+1x_{21}+0x_{22}+1x_{23}+0x_{24}+0x_{25}\\&\cdots\cdots\cdots\cdots\\&+0x_{51}-1x_{52}+1x_{53}-1x_{54}-1x_{55}\end{aligned}$$

を最大にする。ソルバーを使って計算すると、次のようになり、4勝1分けで勝つことができる。

	相手A	相手B	相手C	相手D	相手E
自分01	0	0	1	1	0
自分02	1	0	1	0	0
自分03	0	1	0	-1	-1
自分04	1	0	-1	0	-1
自分05	0	-1	1	-1	-1

	相手A	相手B	相手C	相手D	相手E	計
自分01	0	0	0	1	0	1
自分02	0	0	0	0	1	1
自分03	0	1	0	0	0	1
自分04	1	0	0	0	0	1
自分05	0	0	1	0	0	1
計	1	1	1	1	1	
				目的関数		4

【練習問題 7-2の解答】

自分のチームの選手 i が対戦相手 j と「対戦する」「しない」をバイナリ変数 x_{ij} として、「対戦する」場合は1、「しない」場合は0とすると、自分のチームの制約条件は、

$$x_{11}+x_{12}+x_{13}+x_{14}+x_{15} \leqq 1$$
$$x_{21}+x_{22}+x_{23}+x_{24}+x_{25} \leqq 1$$
$$\cdots\cdots\cdots\cdots$$
$$x_{81}+x_{82}+x_{83}+x_{84}+x_{85} \leqq 1$$

となり、相手チームの制約条件は、

$$x_{11}+x_{21}+x_{31}+x_{41}+x_{51}+x_{61}+x_{71}+x_{81}=1$$
$$x_{12}+x_{22}+x_{32}+x_{42}+x_{52}+x_{62}+x_{72}+x_{82}=1$$
$$\cdots\cdots\cdots\cdots$$
$$x_{15}+x_{25}+x_{35}+x_{45}+x_{55}+x_{65}+x_{75}+x_{85}=1$$

となる。これらの条件の下で、目的関数 f(x)

$$f(x)=$$
$$2x_{11}+2x_{12}+1x_{13}+1x_{14}+0x_{15}$$
$$+2x_{21}+2x_{22}+1x_{23}+0x_{24}+0x_{25}$$
$$\cdots\cdots\cdots\cdots$$
$$-1x_{81}+0x_{82}+0x_{83}-2x_{84}-2x_{85}$$

を最大にする。ソルバーを使って計算すると、次のようになり、3勝1敗1分けで勝つことができる。

	相手A	相手B	相手C	相手D	相手E
自分01	2	2	1	1	0
自分02	2	2	1	0	0
自分03	1	1	0	-1	-2
自分04	1	0	-1	-1	-2
自分05	0	-1	0	-1	-2
補欠01	0	-1	-2	-2	-1
補欠02	0	0	-1	-2	-2
補欠03	-1	0	0	-2	-2

	相手A	相手B	相手C	相手D	相手E	計
自分01	0	0	0	1	0	1
自分02	0	1	0	0	0	1
自分03	0	0	0	0	0	0
自分04	1	0	0	0	0	1
自分05	0	0	1	0	0	1
補欠01	0	0	0	0	1	1
補欠02	0	0	0	0	0	0
補欠03	0	0	0	0	0	0
計	1	1	1	1	1	
				目的関数		3

8. ゲーム理論

【練習問題 8-1の解答】

　この場合は、「失点を少なく」するため、期待値は少ない方がいい。そのため、自分のチームと相手チームの利得は最大と最小が逆になる。ソルバーを使って計算すると、次のようになり、両投手は半々に登板させると失点が少なくなる。ただし、それでも失点は1点は覚悟しないといけない。また、相手は左打者中心のオーダーを組んでくることはない。

		相手			合計	
		3/5	0	2/5	1	最小
自分	1/2	3	−4	−2	1	1
	1/2	−1	3	4	1	
合計		1	− 1/2	1	積和	
	最大	1				
	目的関数	0.000				

【練習問題 8-2の解答】

　ソルバーを使って計算すると、次のようになる。「前半集中」を5／8、「中盤集中」を3／8の割合で用い、「後半集中」は使わない。すると最大のポイント−1／8をとる。つまり、勝てないということになる。相手は「分散型」「後半集中」を使ってくることが予想され、「前半集中」の作戦は使ってこないことが考えられる。

		相手			合計	
		0	3/8	5/8	1	最大
自分	5/8	0	−2	1	− 1/8	− 1/8
	3/8	2	3	−2	− 1/8	
	0	1	−3	1	− 1/2	
合計		1	3/4	− 1/8	− 1/8	積和
	最小	− 1/8				
	目的関数	0.000				

引用・参考文献

逢沢明(2003)ゲーム理論トレーニング．かんき出版．
福田治郎・児玉正憲・中道博(1989)ＯＲ入門－はじめて学ぶ人のために－．多賀出版．
平岩巌・栗原和夫(2000)文科系の線形計画法．牧野書店．
金田数正(1977)ＯＲによる運送・運搬計画．内田老鶴圃新社．
金田数正(1978)ＯＲ手法とＦＯＲＴＲＡＮ．内田老鶴圃新社．
金田数正(1991)ＯＲ入門－科学的意思決定法－．内田老鶴圃．
苅田正雄・上田太一郎(2006)Ｅｘｃｅｌでできる最適化の実践　らくらく読本－ソルバーで自由自在に解く－．同友館．
木下栄蔵(1984)計画数学入門．啓学出版．
木下栄蔵(1992)わかりやすい意思決定法－基礎からファジィ理論まで－．啓学出版．
木下栄蔵(1995)情報処理入門　オペレーションズ・リサーチ．工学図書．
木下栄蔵(2000)ＡＨＰの理論と実際．日科技連出版社．
木下栄蔵(2001)入門数理モデル－評価と決定のテクニック－．日科技連出版社．
長畑秀和(2002)ＯＲへのステップ．共立出版．
大村平(1989)ＯＲのはなし．日科技連出版社．
大村平(1990)戦略ゲームのはなし．日科技連出版社．
ＯＲ演習部会(1967)ＯＲ演習問題集．日科技連出版社．
ＯＲ演習部会(1972)初等ＯＲテキスト．日科技連出版社．
坂口実(1969)数学ライブラリー　ゲームの理論．森北出版．
佐々木宏夫(2003)入門ゲーム理論　戦略的思考の科学．日本評論社．
清水武治(2004)ゲーム理論　最強のトレーニング55．日本文芸社．
多田和夫(1970)わかりやすいＯＲ．日科技連出版社．
刀根薫(1986)ゲーム感覚意思決定法．日科技連出版社．
刀根薫・眞鍋龍太郎(1990)ＡＨＰ事例集．日科技連出版社．
宇井徹雄(1995)意思決定支援とグループウェア．共立出版．
渡辺隆裕(2004)ゲーム理論．ナツメ社．

〈著者略歴〉

青 柳　　領（あおやぎ・おさむ）

1954年　千葉県生まれ
1977年　東京教育大学体育学部卒業
1984年　筑波大学体育科学研究科博士課程修了
1985年　筑波大学体育科学系文部技官
1986年　福岡大学体育学部講師
1993年　福岡大学体育学部教授
現　在　福岡大学スポーツ科学部教授
　　　　教育学博士・第二種情報処理技術者

専　門　スポーツ情報処理，スポーツ統計学，体力測定及び評価，発育発達老化

著　書　『UNIXによるスポーツ統計学』九州大学出版会（単著）
　　　　『Excelによるスポーツ統計学』九州大学出版会（単著）
　　　　『スポーツ統計学概論〔増補版〕』九州大学出版会（単著）
　　　　『子どもの発育発達と健康』ナカニシヤ出版（単著）
　　　　『数理体力学』朝倉書店（共著）
　　　　『新訂　体育の測定・評価』第一法規（共著）
　　　　ほか多数

スポーツ情報処理実習テキスト
体育科教員のためのExcelによるOR事例集
（たいいくかきょういん）　　　　　　　　（じれいしゅう）

2009年4月25日　初版発行

著　者　青　柳　　領
発行者　五十川　直　行
発行所　㈶九州大学出版会
　　　　〒812-0053　福岡市東区箱崎7-1-146
　　　　　　　　　　九州大学構内
　　　　電話　092-641-0515（直通）
　　　　振替　01710-6-3677
　　　　印刷・製本／城島印刷㈱

ⓒ2009 Printed in Japan　　　　　　　　IBSN 978-4-87378-994-1